Rebecca Thömmes

So stimmt es mit der Stimme

Übungen zur Sprech- und Stimmbildung für Lehrer

Verlag an der Ruhr

Titel
So stimmt es mit der Stimme
Übungen zur Sprech- und Stimmbildung für Lehrer

Autorin
Rebecca Thömmes

Titelbildmotiv
© Shariff Che'Lah/Fotolia.com

Illustrationen
Katrin Wolff

Verlag an der Ruhr
Mülheim an der Ruhr
www.verlagruhr.de

Geeignet für alle Altersstufen

Unser Beitrag zum Umweltschutz
Wir sind seit 2008 ein ÖKOPROFIT®-Betrieb und setzen uns damit aktiv für den Umweltschutz ein. Das ÖKOPROFIT®-Projekt unterstützt Betriebe dabei, die Umwelt durch nachhaltiges Wirtschaften zu entlasten.
Unsere Produkte sind grundsätzlich auf chlorfrei gebleichtes und nach Umweltschutzstandards zertifiziertes Papier gedruckt.

ISBN 978-3-8346-0763-8

Printed in Germany

Einleitung 5

1 Entspannung und Lockerung 11

Grundlagen zur Entspannung und Lockerung 12
Entspannungsübungen 13
Lockerungsübungen für den Körper 19

2 Haltung 21

Grundlagen zur Haltung und Präsenz 22
Übungen zur Haltung 24
Präsenzübungen 28

3 Atmung 31

Grundlagen zur Atmung 32
Atemübungen 35

4 Stimme 47

Wie entsteht Stimme? 48
Übungen zum Finden der Indifferenzlage 54
Stimmlockerungsübungen 56
Übungen zum Stimmeinsatz 58
Stimmkräftigende Übungen 60
Resonanzübungen 64

5 Artikulation 71

Grundlagen zur Artikulation 72
Lockerung der Artikulationsorgane 75
Geläufigkeits- und Ausspracheübungen 77
Die korrekte Aussprache 82

6 Sprechausdruck 83

Was versteht man unter Sprechausdruck? 84
Übungen zum Sprechausdruck 86

7 Stimmhygiene 93

Warum Stimmhygiene? 94
Praktische Tipps zur Stimmhygiene 95

8 Stimmbildung im Schulalltag 99

Umsetzung der Übungen im Schulalltag 100
Kleines Warmup vor dem Unterricht 101

Medientipps 102

Warum Stimmbildung für Lehrer[1]?

Viel sprechen, laut sprechen, deutlich sprechen, mit Ausdruck sprechen sind nur einige Anforderungen, die an die Stimme von Lehrern gestellt werden. Hinzu kommen Faktoren wie Stress, trockene Luft und ein nicht selten hoher Lärmpegel. Das alles kommt Ihnen sicher bekannt vor. Die Lehrerstimme ist ständig **hohen Belastungen** ausgesetzt. Wie wichtig die Stimme für Lehrer ist, wird einem aber meistens erst bewusst, wenn sie nicht mehr so funktioniert wie man sich das vorstellt. Vielleicht haben Sie selbst schon einmal die Erfahrung gemacht, dass Ihnen die Stimme „weggeblieben" ist und Sie stumm vor einer Klasse gestanden haben.

Für Lehrer ist die Stimme **das wichtigste Instrument** im Klassenraum. Über die Stimme treten Sie mit den Schülern in Kontakt, erklären Inhalte, übermitteln Aufgabenstellungen oder leiten Phasenwechsel ein. Auch wenn Sie weniger Zeit mit längerem Vortragen verbringen und während der Arbeitsphasen mehr und mehr Lernbegleiter sind, sind Sie doch auf Ihre Stimme angewiesen. Dabei kommt es nicht nur darauf an, was ein Lehrer sagt, sondern auch, wie er es sagt. Lehrer müssen sich daher über die **Wirkung ihrer Stimme** bewusst sein. Zum Beispiel kann die Stimme des Lehrers Einfluss auf die Aufmerksamkeit und Motivation der Schüler haben.
Lehrer treten außerdem als **sprecherische Vorbilder** vor die Klasse. Die Sprechleistung der Lehrer beeinflusst die sprecherische und stimmliche Entwicklung der Schüler. Kenntnisse über den sorgfältigen und schonenden Umgang mit der Stimme sind deshalb unerlässlich.

Wie Sie mit diesem Buch arbeiten

Meine Arbeit als Sprecherzieherin und der häufige Austausch mit befreundeten Lehrern veranlasste mich dazu, ein Übungsbuch zur Stimmbildung speziell für Lehrer zusammenzustellen, das sowohl das nötige **Hintergrundwissen verständlich und bündig** darstellt als auch **praktische Übungen** bietet, die ohne Anleitung durchgeführt werden können. Selbstverständlich kann ein Buch nicht die Arbeit eines Sprecherziehers ersetzen und auch nicht gezielt auf die speziellen Bedürfnisse jeder einzelnen Person eingehen.

---

1 Aus Gründen der besseren Lesbarkeit haben wir in diesem Buch durchgehend die männliche Form verwendet. Natürlich sind damit auch immer Frauen und Mädchen gemeint, also Lehrerinnen, Schülerinnen etc.

Deshalb ist es sinnvoll, gemeinsam mit einem **Sprecherzieher** oder Stimmbildner zu arbeiten und das Buch parallel dazu einzusetzen. Wenn sich bereits ernsthafte und länger andauernde Probleme mit der Stimme eingestellt haben, sollten Sie in jedem Fall einen Arzt aufsuchen.

Die Stimme ist ein wichtiger **Bestandteil der Persönlichkeit**. Versuchen Sie daher nicht, sie grundlegend zu verändern oder jemanden zu imitieren. Aber Sie haben die Möglichkeit, an ihr zu arbeiten und so die persönliche Wirkung auf andere zu stärken.
Für die Arbeit an und mit der Stimme ist es wichtig, dass Sie die **Übungen regelmäßig durchführen**. Genauso wie ein Sportler trainiert, um in seiner Sportart gute Leistungen zu erzielen, erfordert die Stimmarbeit regelmäßiges Üben und vor allem Geduld. Erwarten Sie keine Wunder!

Die **Übungen bauen teilweise aufeinander auf** und bilden somit eine Übungsabfolge. Die Erfahrungen, die Sie in den einzelnen Übungen machen, sind wichtig, um den Inhalt des Buches zu verstehen und ausschöpfen zu können.
Vor allem die Übungen in Kapitel 1 bis 4 stellen eine Einheit dar, können aber nach Festigung der Übungen einzeln und in beliebiger Reihenfolge durchgeführt werden.
Einfacher verhält es sich mit den Übungen zur Artikulation und zum Sprechausdruck in Kapitel 5 und 6. Diese Übungen sind durchaus einzeln durchführbar. Um einen möglichst großen Lernerfolg zu erzielen, empfiehlt es sich allerdings, das Buch schrittweise durchzuarbeiten.

Für Übungen mit diesem Symbol **PA** benötigen Sie einen Partner.

In diesem Buch finden Sie stimmbildnerische Übungen, die den spezifischen Berufsanforderungen von Lehrern gerecht werden. Ziel des Buches soll es sein, das Bewusstsein für die eigene Stimme zu steigern und zu einem lebendigen und gesunden Stimmgebrauch anzuregen.

Die Bedeutung der Stimme

Die Stimme des Menschen ist ein wichtiges **Mittel zur Kommunikation** und funktioniert als ein Zusammenspiel verschiedener Teile und Vorgänge unseres Organismus.

Dies bedeutet in Bezug auf die Stimmarbeit, die Stimme nicht als isolierten Teil des Menschen zu betrachten, sondern immer auch die an der Stimmgebung beteiligten Faktoren, wie Atmung und Haltung, mit zu berücksichtigen. Letztendlich bezieht eine Arbeit, die die **Stimme im Zusammenhang mit dem ganzen Körper** sieht, auch immer die verschiedenen Persönlichkeitsbereiche und die Psyche mit in die Arbeit ein.

Dass auch sprachlich ein Zusammenhang zwischen Stimme und Persönlichkeit besteht, zeigt die **Herkunft des Begriffs** „Person“: Der Begriff „Person“ leitet sich vom lateinischen Wort „personare“ ab, was soviel heißt wie „hindurchtönen“.
Der Zusammenhang zwischen Stimme und Person wird auch daraus ersichtlich, dass man eine Person an ihrer Stimme bzw. ihrem Stimmklang erkennen kann. Die Stimme ist eines unserer Erkennungsmerkmale.
Über den Klang der Stimme erfahren wir außerdem etwas über die Stimmung einer Person. Bin ich aufgeregt und hektisch, dann ist meine Haltung verkrampft, meine Atmung schnell und meine Stimme klingt tendenziell höher. Bin ich müde und schlapp, ist meine Haltung eingefallen, die Atmung ist langsam, und meine Stimme klingt eher tiefer.

Wie Haltung, Atmung und Stimme zusammenhängen, können Sie ganz praktisch in der folgenden Übung entdecken.

Übung zum Zusammenhang von Haltung, Atmung und Stimme

Suchen Sie sich eines der Gedichte von Joachim Ringelnatz auf der Folgeseite aus. Stellen Sie sich aufrecht hin, und lesen Sie das Gedicht laut und deutlich vor. Überlegen Sie sich nun Haltungen, die Ihrer Meinung nach für eine freie Atmung und einen guten Stimmklang hinderlich sind.
Scheuen Sie sich nicht, verrückte Körperhaltungen (Brücke, im Schneidersitz nach vorne gebeugt …) einzunehmen. Der Fantasie sind bei dieser Übung keine Grenzen gesetzt. Lesen Sie nun das Gedicht in dieser ungünstigen Haltung laut vor.

Kehren Sie nach jeder ungünstigen Haltung wieder in die aufrechte Haltung zurück, sprechen Sie das Gedicht erneut, und vergleichen Sie die beiden Sprechfassungen.
Was stellen Sie fest? Können Sie in einer ungünstigen Haltung frei atmen? Wie klingt Ihre Stimme beim Sprechen der Gedichte?

Lampe und Spiegel
– Joachim Ringelnatz –

„Sie faule, verbummelte Schlampe,"
Sagte der Spiegel zur Lampe.
„Sie altes, schmieriges Scherbenstück,"
Gab die Lampe dem Spiegel zurück.

Der Spiegel in seiner Erbitterung
Bekam einen ganz gewaltigen Sprung.
Der zornigen Lampe verging die Puste:
Sie fauchte, rauchte, schwelte und ruste.

Das Stubenmädchen ließ beide in Ruhe
Und doch: Ihr schob man die Schuld in die Schuhe.

Ohrwurm und Taube
– Joachim Ringelnatz –

Der Ohrwurm mochte die Taube nicht leiden.
Sie hasste den Ohrwurm ebenso.
Da trafen sich eines Tages die beiden
In einer Strassenbahn irgendwo.

Sie schüttelten sich erfreut die Hände
Und lächelten liebenswürdig dabei
Und sagten einander ganze Bände
Von übertriebener Schmeichelei.

Doch beide wünschten sie sich im stillen,
Der andre möge zum Teufel gehn,
Und da es geschah nach ihrem Willen,
So gab es beim Teufel ein Wiedersehn.

Hinweis:
Es kann hilfreich sein, wenn Sie die Übung auf Tonband aufzeichnen oder einen Partner, der Ihnen zuhört, zur Hilfe nehmen.
Sie haben vermutlich festgestellt, dass Ihre Stimme in ein System eingebunden ist, in der sich unterschiedliche Faktoren gegenseitig beeinflussen.
In einer schlechten Haltung können Sie nur schwer atmen. Ist der Bauch beispielsweise eingeklemmt, ist Ihre Atmung kurzatmig und flach. Ihre Stimme klingt gepresst. In einer aufrechten Haltung hingegen können Sie frei atmen. Ihre Stimme klingt frei und resonanzreich.

Ziele der Sprechbildung

Wenn von Sprechbildung die Rede ist, soll es nicht in erster Linie um materiale Bildung im Sinne einer Anhäufung von Wissensinhalten gehen, sondern um formale Bildung, bei der es auf den **Erwerb von Fähigkeiten, Einstellungen und Methoden** ankommt. Im Mittelpunkt stehen die miteinander sprechenden Menschen. „Sprechbildung geht also über die bloße Aneignung von Wissen hinaus. Sie kann verstanden werden als eine Tätigkeit, die grundsätzlich unabgeschlossen bleibt. Sie muss jeweils vom Individuum selbst angestrengt und aktiv ergriffen werden: Das heißt, der Impuls muss von jedem selbst ausgelöst werden – der Mensch bildet sich selbst.“[2]
Geht man vom Bildungsverständnis des deutschen Humanismus aus, besteht die Aufgabe der Sprechbildung darin, dem Menschen einen **bewussten Zugang zu verschiedenen Sprech- und Gesprächskulturen** zu verschaffen. Mittels Sprechbildung, die einen wesentlichen Bestandteil der sprecherzieherischen Arbeit darstellt, kann ein Schritt in Richtung Gesprächsfähigkeit getan werden. Sprechbildung soll daher nicht isoliert gesehen werden. Sie ist immer eingebunden in komplexe Kommunikationsprozesse.
In der Sprechbildung sollten die individuellen Gegebenheiten eines Lernenden zur **Optimierung seiner stimmlichen und sprecherischen Leistungsfähigkeit** genutzt werden. Es kommt nicht unbedingt darauf an, eine makellose Aussprache ohne Akzente oder eine besonders klare Stimme zu haben. Ziel der sprechbildnerischen Arbeit sollte es sein, das Bewusstsein für die eigene Stimme zu steigern und die Freude und das Vergnügen am Sprechen zu wecken und zu fördern.

2 Pabst-Weinschenk, Marita (Hg.): Grundlagen der Sprechwissenschaft und Sprecherziehung. Reinhardt: München 2004, S. 14.

1

Entspannung und Lockerung

Grundlagen zur Entspannung und Lockerung

Der Alltag vieler Menschen ist heute geprägt von Stress und Hektik. Für Pausen und Entspannung bleibt oftmals wenig Zeit. Stimmbildung versteht sich als ganzheitliches System, in dem sowohl der **Körper** als auch die **Seele** eine Rolle spielen. Daher ist ein wichtiger Bestandteil die Entwicklung der Fähigkeit, **Ruhe und Entspannung** zu empfinden.
Pausen sind notwendig, um den Körper im Gleichgewicht zu halten. Entspannung ist die Voraussetzung für die Arbeit an Haltung, Atmung und Stimme.

> *Wie wichtig ein entspannter Körper für die Atmung ist, können Sie ganz einfach ausprobieren, indem Sie sich hüftbreit und mit lockeren Knien aufrecht hinstellen und die Arme seitwärts am Körper hängen lassen. Atmen Sie nun einige Male ruhig ein und aus. Ballen Sie nach einiger Zeit ruckartig Ihre Hände zu Fäusten.*
> *Was beobachten Sie?*
>
> *Sie werden wahrscheinlich feststellen, dass sich Ihr Körper verkrampft und steif wird und Ihr Atem für einen Moment stockt.*

Entspannungs- und Lockerungsübungen im Rahmen der Stimmbildung tragen dazu bei, dass Verspannungen im Körper gelöst und die **Muskeln gelockert** werden. Denn ein gelöster Körper ist Voraussetzung für eine **gelöste Stimme**, die voll und resonanzreich klingt.
Entspannungsübungen bewirken außerdem ein besseres Körpergefühl. Ihr Bewusstsein für den eigenen Körper wird geschult, und Sie werden aufmerksamer für verschiedene Spannungszustände.

Entspannungsübungen

Progressive Muskelentspannung

Die Progressive Muskelentspannung ist eine Entspannungstechnik, die Anfang des 20. Jahrhunderts von dem Psychologen **Edmund Jacobson** entwickelt wurde.
Bei dieser Technik geht es darum, einzelne Körperpartien für einige Sekunden anzuspannen und die Spannung dann wieder zu lösen, um danach bewusst eine Entspannung zu spüren. Durch den **Kontrast von Anspannung und Entspannung** nimmt man die eintretende Entspannung umso intensiver wahr.
Ziel der Progressiven Muskelentspannung ist neben **Stressabbau** und Entspannung des Körpers eine **verbesserte Körperwahrnehmung**.
Bei regelmäßigem Üben kann das Gefühl der Wohlspannung, bei der man sich in einem harmonischen, körperbewussten Zustand befindet, jederzeit aktiv herbeigeführt werden.

Die Progressive Muskelentspannung wird oftmals in Form von CDs angeboten, auf denen die Anweisungen eingesprochen sind (s. Medientipps S. 103 f.).
Es ist aber auch ohne Weiteres möglich, die Übungsabfolge selbstständig ohne Anweisungen durchzuführen.

Durchführung:
Sie können die Übung sowohl im Liegen als auch im Sitzen durchführen. Wichtig ist, dass Sie sich wohlfühlen. Stellen Sie auch sicher, dass Sie für die Dauer der Übung nicht gestört werden.
Wenn Sie eine bequeme Position gefunden haben, schließen Sie die Augen, und atmen Sie einige Male tief ein und aus.
Spannen Sie nun die erste Muskelgruppe an (Reihenfolge siehe Folgeseiten). Jede Muskelpartie wird jeweils 5–8 Sekunden angespannt. Danach folgt eine ca. 30-sekündige Entspannungsphase. Wichtig ist, dass Sie während der Anspannung ganz normal weiteratmen.

Reihenfolge der Muskelgruppen:

Hände und Arme

- rechte Hand zur Faust ballen (Linkshänder beginnen jeweils mit der linken Seite)
- rechte Hand zur Faust ballen, den Arm anwinkeln und an den Körper drücken
- linke Hand zur Faust ballen
- linke Hand zur Faust ballen, den Arm anwinkeln und an den Körper drücken

Gesicht

- Nase rümpfen und die Augen zusammenkneifen
- Augenbrauen hochziehen und die Stirn in Falten legen
- Zähne zusammenbeißen und die Lippen breit ziehen

Nacken, Schultern, Bauch

- Schultern nach oben Richtung Ohren ziehen
- Schultern gegen die Stuhllehne oder den Boden drücken
- Bauch anspannen

Gesäß und Beine

- Gesäß anspannen
- rechtes Bein anspannen
- rechten Fuß anspannen
- linkes Bein anspannen
- linken Fuß anspannen

Versuchen Sie anschließend, den gesamten Körper als Einheit wahrzunehmen – von den Füßen aufwärts bis zum Kopf.

Hinweis:
Bei regelmäßigem Üben kann das Training bald abgekürzt werden, indem mehrere Muskelgruppen auf einmal angespannt werden.

Variante:
Teile der Progressiven Muskelentspannung können auch als Konzentrationsübung (z.B. vor einer wichtigen Stunde, vor einer Konferenz) genutzt werden. Sie können die folgenden Übungen hintereinander oder einzeln durchführen.

- Öffnen Sie das Fenster, und atmen Sie 3-mal tief ein und aus. Halten Sie nun Ihre Hände seitlich vom Körper nach rechts und links weggestreckt in Höhe der Brust. Ballen Sie gleichzeitig beide Hände zu Fäusten. Stellen Sie sich dabei vor, Sie wollen mit Ihren Händen eine Zitronenhälfte auspressen. Halten Sie die Spannung 5–8 Sekunden. Vergessen Sie dabei nicht, gleichmäßig weiterzuatmen. Entspannen Sie sich danach mit gesenkten Armen für ca. 30 Sekunden. Wiederholen Sie die Übung 5-mal. Der Wechsel zwischen Anspannung und Entspannung führt auch hier zur Entspannung. Durch die Konzentration auf den Atem wird der Kopf klar, die Aufmerksamkeit wird erhöht, und Denkblockaden werden verhindert.

- Öffnen Sie das Fenster, und atmen Sie 3-mal tief ein und aus. Legen Sie nun die Handflächen vor der Brust gegeneinander. Versuchen Sie, mit der linken Hand die rechte Hand wegzudrücken, und bauen Sie mit der rechten Hand einen Gegendruck auf. Danach wechseln Sie die Seite. Halten Sie die Spannung jeweils einige Sekunden, und vergessen Sie nicht, dabei gleichmäßig weiterzuatmen. Entspannen Sie sich danach für ca. 30 Sekunden. Wiederholen Sie die Übung 5-mal.

- Öffnen Sie das Fenster, und atmen Sie 3-mal tief ein und aus. Setzen Sie sich vor einen Tisch, und legen Sie beide Hände mit den Handflächen nach unten auf die Tischplatte. Üben Sie nun einige Sekunden lang Druck auf die Tischplatte aus, als versuchten Sie, den Tisch mit den Handflächen ganz fest nach unten zu drücken. Vergessen Sie dabei nicht, gleichmäßig weiterzuatmen. Entspannen Sie sich danach für ca. 30 Sekunden. Wiederholen Sie die Übung 5-mal.

Fantasiereise

Eine weitere bekannte Entspannungstechnik ist die Fantasiereise, die sich seit den 1950er-Jahren entwickelten und in den 1970er-Jahren im Bereich der Pädagogik stark an Bedeutung gewannen. Heute wird die Methode sehr vielfältig eingesetzt. Man findet sie als Entspannungs- und Stressbewältigungstechnik in Seminaren, aber auch als begleitender Baustein in der Psychotherapie.

Fantasiereisen sind „**Reisen nach innen**", in die Welt der Fantasie. Man könnte sie auch als künstlich hervorgerufene Tagträume bezeichnen.
Sie helfen, Stress abzubauen und das **innere Gleichgewicht** wiederherzustellen. Sie fördern außerdem die **Kreativität** und regen die Fantasie an. Zusätzlich wird die Fähigkeit zur **Konzentration** gefördert.

Bei der Fantasiereise geht es vor allem darum, positive Gedanken und Gefühle zu vermitteln und somit eine mentale und emotionale Entspannung herbeizuführen.
Fantasiereisen sollten stets **auf einer freiwilligen Basis** und in einer angenehmen Atmosphäre durchgeführt werden.

Fantasiereisen bestehen aus Texten, die entweder von einer Person vorgelesen werden oder die man sich alternativ als Audioquelle anhören kann. Sie werden oft mit leiser Hintergrundmusik untermalt.
Damit bei den Zuhörenden innere Vorstellungen entstehen können, werden in die Texte von Fantasiereisen möglichst **viele Sinneseindrücke**, z.B. auditive, visuelle und emotionale Bilder, eingebaut. Die Texte bestehen meist aus kurzen Sätzen, die durch längere Pausen voneinander getrennt vorgelesen werden. Somit hat der Zuhörende genug Zeit, intensiv in seinen Vorstellungen zu verweilen.
Fantasiereisen werden mit geschlossenen Augen durchgeführt. Der Zuhörende kann sich so besser konzentrieren und wird nicht so leicht von äußeren Einflüssen abgelenkt. Außerdem fällt es vielen Menschen mit geschlossenen Augen leichter, den eigenen Gedanken nachzugehen.

Fantasiereisen sind meist in drei Teile gegliedert:

- die **Hinführung**, in der der Hörende körperlich und psychisch auf die Reise eingestellt wird,
- den **Mittelteil**, in dem sich der Hörende auf die Reise in seine Fantasiewelt begibt, und

- die **Rückholphase**, die den Hörenden wieder in seine körperliche Realität und Umgebung zurückbringen soll.

Im Folgenden finden Sie ein Beispiel für eine Fantasiereise, die Sie sich von einem Partner vortragen lassen können. **Nach jedem Satz wird eine Pause gemacht**, um sich die Eindrücke vorstellen zu können. Sie können sie aber auch selbst in einem für Sie angenehmen Tempo aufnehmen. Im Literaturverzeichnis (ab S. 102) finden Sie Quellen zu weiteren Fantasiereisen.

Sommer im Süden

PA

Schließe deine Augen.
Atme nun einige Male tief ein und aus.
– – –
Du gehst in Gedanken einen steinigen Feldweg entlang.
Rechts und links des Wegs wachsen Olivenbäume.
In der Hitze des Südens spenden sie dir Schatten.
Du atmest den Geruch der trockenen Gräser.
Büschel von Kräutern senden würzige Düfte aus:
Rosmarin, Thymian, Fenchel und andere Kräuter.
Ein leichter Wind bewegt die Blätter der Bäume.
Sie rauschen leise in der Mittagsstille.
Die Blätter schimmern silbrig-grün im Wind.
Nur die Grillen hörst du über dem Rauschen der Blätter.
Sie zirpen zwischen den Gräsern.
Ab und zu hüpft eine über deinen Weg.
Unter deinen Füßen knirschen kleine Steine.
Hinter einer Kurve taucht ein blauer Schimmer auf.
Es ist das Meer, das zwischen den Bäumen hervorblitzt.
Du kommst näher und stehst in einer kleinen Bucht.
Vor dir breitet sich ein Stückchen Sandstrand aus.
Niemand hat dieses Fleckchen bisher entdeckt.
Ein Stück weiter schlagen Wellen leise gegen einige Felsen.
Das Meer glitzert blau in der Farbe des Himmels.
Du lässt dich von der Wärme des weichen Sandes einladen
und suchst dir einen Platz zum Ausruhen.
Du legst dich in den warmen Sand und hörst den Wellen zu.
Ganz gleichmäßig plätschern sie gegen die Steine.
Eine Welle nach der anderen bricht sich leise am Ufer.

Du genießt die Wärme auf deiner Haut.
Sie breitet sich in deinem ganzen Körper aus.
Dein Atem kommt und geht im Rhythmus der Wellen.
Du spürst, wie deine Arme schwer in den weichen Sand sinken.
Auch deine Beine sinken schwer und warm in den Sand.
Du spürst, wie dein ganzer Körper schwer und warm im Sand liegt.
Die Sonne scheint warm auf deinen Bauch.
Ein leichter Wind streicht angenehm frisch über deine Stirn.
Im Rhythmus der Wellen strömt dein Atem ein und aus.
Du genießt noch eine Weile das angenehme Gefühl.
– – –
Dann verabschiedest du dich von der Bucht.
Du wirfst noch einen Blick auf die glitzernden Wellen,
auf den Sand und die Felsen.
Dann wendest du dich wieder dem Weg unter den Bäumen zu.
Langsam kehrst du wieder zurück.
Atme tief durch.
Bewege leicht deine Arme und Beine.
Recke und strecke dich.
Öffne langsam deine Augen,
und komme wieder ganz in der Gegenwart an.

Lockerungsübungen für den Körper

Im Folgenden finden Sie einige Übungen, mit denen Sie Ihre Muskeln lockern können. **Probieren Sie alle oder einige** einmal aus.
Zum regelmäßigen Üben können Sie sich **zwei bis drei Übungen** aussuchen, die Ihnen liegen.

Strecken und Dehnen

Strecken und dehnen Sie sich in alle Richtungen. Versuchen Sie, Muskeln zu spüren, die Sie sonst selten spüren.

Schultern heben und fallen lassen

Heben Sie die Schultern an, und lassen Sie sie anschließend wieder fallen. Stellen Sie sich dabei vor, Sie werden nach der Uhrzeit gefragt und antworten „Keine Ahnung". Dabei zucken Sie mit den Schultern. Wiederholen Sie die Bewegung einige Male. Diese Übung bewirkt eine Dehnung und Lockerung der Nacken- bzw. Schultermuskulatur.

Schultern kreisen

Kreisen Sie die Schultern erst einige Mal nach hinten. Wechseln Sie danach die Richtung. Wiederholen Sie die Übung 3-mal in beide Richtungen.

Äpfel pflücken

Stellen Sie sich vor, Sie stehen vor einem Baum voll mit Äpfeln (oder anderen Früchten). Ihre Aufgabe ist es, zwei Körbe mit Äpfeln zu pflücken. Ihre Arbeit wird Ihnen dadurch erschwert, dass der Baum während des Pflückens wächst. Das bedeutet für Sie, dass Sie sich immer höher strecken müssen, um an die Äpfel heranzukommen.
Diese Übung bewirkt wie die beiden vorangegangen ebenfalls eine Dehnung und Lockerung der Nacken- bzw. Schultermuskulatur.

Körper abklopfen

Klopfen Sie Ihren Körper mit den flachen Händen von den Armen ausgehend bis hin zu den Beinen ab. Beginnen Sie, mit der rechten Hand Ihren linken Arm abzuklopfen, locker aus dem Handgelenk. Das Klopfen sollte nur so fest sein, wie es für Sie angenehm ist. Wechseln Sie nach ca. 10 Sekunden, und klopfen Sie nun mit der linken Hand den rechten Arm ab. Es folgen die Schultern, die Brust, der Bauch, das Gesäß und abschließend die Beine. Diese Körperteile können Sie auch gleichzeitig mit beiden Händen abklopfen. Alle Partien sollten ca. 10–20 Sekunden ausgeklopft werden.

Rücken abklopfen

PA

Für diese Übung benötigen Sie einen Partner. Setzen Sie sich mit leicht gespreizten Beinen auf das vordere Drittel eines Stuhls. Beugen Sie sich vor, und legen Sie Ihre Unterarme locker auf Ihre Oberschenkel. Wichtig ist, dass Ihr Kopf ganz locker nach unten hängt. Ihr Partner hat die Aufgabe, Ihren Rücken und Ihre Arme abzuklopfen. Dabei sollte er unbedingt darauf achten, locker aus dem Handgelenk mit der flachen, nicht angespannten Hand zu trommeln. Die Wirbelsäule sollte bei dieser Übung ausgespart werden. Sehr angenehm kann es sein, wenn Ihr Partner Ihren Rücken und die Arme zwischendurch ausstreicht.

Arme und Füße ausschütteln

Stellen Sie sich vor, Sie haben mit der rechten Hand in einen Kaugummi gegriffen. Die einzige Möglichkeit, den klebenden Kaugummi wieder loszuwerden, ist, ihn abzuschütteln. Wiederholen Sie die Übung mit der linken Hand und mit beiden Füßen.

Birke im Wind

Stellen Sie sich vor, Sie sind eine Birke im Wind. Stehen Sie dazu hüftbreit und locker in den Beinen. Der Oberkörper ist vorne übergebeugt. Je nach Windstärke bewegen sich nun Ihr Oberkörper und Ihre Arme locker im Wind. Von einer kleinen Brise bis hin zum Wirbelsturm ist alles möglich. Nach einiger Zeit kehrt wieder Windstille ein. Sie bleiben noch eine Weile vorne übergebeugt und richten sich dann langsam Wirbel für Wirbel auf.

2

Haltung

Grundlagen zur Haltung und Präsenz

Für viele Menschen stellt die aufrechte Haltung nach wie vor ein Problem dar. **Häufiges Sitzen und wenig Bewegung** im Alltag führen oft zu einer **Fehlhaltung**. Um frei atmen zu können und dem Körper beim Sprechen die nötige Resonanz zu verleihen, ist eine aufgerichtete Wirbelsäule jedoch von großer Bedeutung.

Dabei spielen **Haltung und Form der Wirbelsäule** eine wichtige Rolle. Die ideale Körperhaltung ist bei maximaler Aufrichtung der Wirbelsäule gegeben. Jedoch sollte diese maximale Streckung nicht zum Dauerzustand werden. Wichtiger ist es, die Fähigkeit zu besitzen, die Wirbelsäule strecken und auch wieder entspannen zu können, denn ein einseitiges Strecken der Wirbelsäule widerspricht der Natur des Menschen.

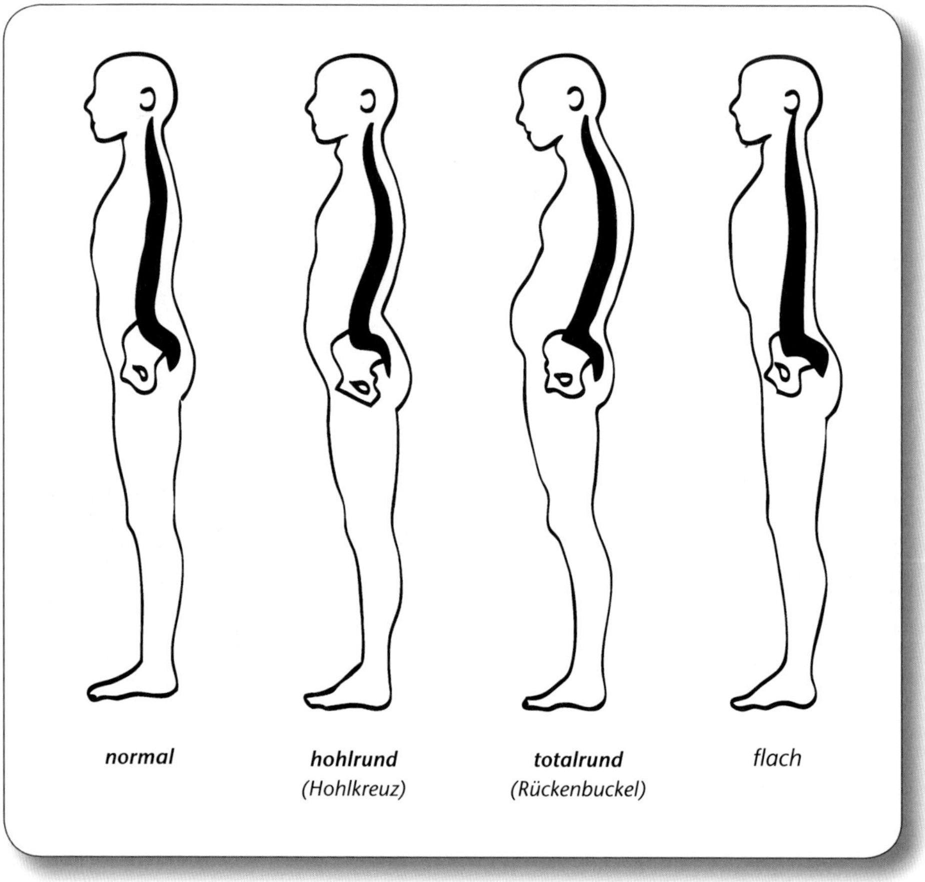

Aufrechte Haltung (links) und Fehlhaltungen

Wenn wir einem Menschen zum ersten Mal begegnen, machen wir uns sofort unbewusst ein Bild von ihm. Unterschiedliche Parameter, wie Stimme, Bewegung, Körperhaltung und auch sein Auftreten insgesamt, spielen dabei eine wichtige Rolle. Zahlreiche Untersuchungen zeigen, dass die **Gesamtwirkung einer Person** zu wesentlichen Teilen durch die Stimme und das Auftreten bestimmt werden. Dem tatsächlich Gesagten, dem Inhalt, wird oftmals nur ein kleiner Teil beigemessen.

Gerade für Lehrer spielt das **Auftreten vor der Klasse** eine wichtige Rolle. Um mit anderen, in dem Fall vor allem mit Schülern und Kollegen, zu kommunizieren, ist eine **offene Körperhaltung** von Vorteil. Sie steht für Offenheit und signalisiert dem Gegenüber die Bereitschaft, zu kommunizieren.

Für das Auftreten ist auch Präsenz von Bedeutung. Denn jemand, der präsent ist, ist aufmerksam und hat Ausstrahlung. Alle Anwesenden nehmen diese Person im Raum wahr.

Übungen zur Haltung

Den Körper aufrichten

Stellen Sie sich hüftbreit und locker in den Knien hin. Geben Sie nun nach und nach der Schwere des Kopfes, der Schultern, der Arme und des Rumpfes nach vorn und unten nach, bis der Oberkörper in den Hüftgelenken leicht federnd abgefangen wird und auspendelt.
Richten Sie sich danach Wirbel für Wirbel wieder auf. Zuletzt wird der Kopf aufgerichtet.
Sie befinden sich nun in einer aufrechten Haltung. Es kann hilfreich sein, wenn Sie sich nun vorstellen, Sie seien eine Marionette. Ihr Puppenspieler zieht Ihre Fäden nach oben, und Ihr Kopf richtet sich auf. Wichtig ist dabei, dass Sie Ihre Schultern nicht hochziehen. Eine weitere bildliche Hilfe ist die Vorstellung, Sie balancieten ein Buch auf dem Kopf. Damit das Buch nicht herunterfällt, müssen Sie eine aufrechte Haltung bewahren. Auch die Vorstellung, Sie seien ein König, der seine Krone voller Stolz auf dem Kopf trägt, kann Ihnen zu einer aufrechten Haltung verhelfen.

Haltungen vergleichen

Ziel dieser Übung ist es, Veränderungen der Körperspannung wahrzunehmen und in der Haltung zu bemerken sowie das **Bewusstsein für eine aufrechte Haltung** zu stärken.

Laufen Sie ca. eine Minute im aufrechten Gang durch den Raum. Wechseln Sie danach in Gedanken den Ort, und passen Sie Ihre Haltung und Ihren Gang den unten stehenden Situationen an. Wechseln Sie nach jeder Situation wieder in den aufrechten Gang (ca. 30 Sekunden), bevor Sie sich in eine neue Situation hineinversetzen.

Beobachten Sie, wie sich Ihre Haltung verändert, wenn Sie beispielsweise auf einem anderen Untergrund laufen. Vergleichen Sie diese Haltung mit der aufrechten Haltung.

<u>Sie können sich folgende Situationen vorstellen:</u>

- Sie sind im Wald und schleichen sich an ein paar äsende Rehe heran.
- Sie gehen auf einer belebten Straße inmitten von hektischen Menschen.
- Sie laufen über eine Wiese, die mit hohem Schnee bedeckt ist.
- Sie laufen durch eine nur 1,10 m hohe Höhle.
- Sie laufen am Strand, der mit vielen Steinen und Muschelstücken bedeckt ist.

Sie können sich natürlich auch weitere Situationen oder Gangarten ausdenken. Der unterschiedliche Bodenkontakt zu den Füßen und die Vorstellung unterschiedlicher Situationen verändert die Körperspannung und somit die Haltung des Körpers. Nach oder schon im Laufe der Übung bekommen Sie ein Gespür für unterschiedliche Haltungen und nehmen Unterschiede zu einer aufrechten Haltung besser wahr.

Jemanden im Bus anrempeln

Die folgende Übung soll verdeutlichen, wie wichtig ein **fester Stand und eine zentrierte Haltung** sind, um nicht aus dem Gleichgewicht zu kommen. Man spricht von einer zentrierten Haltung, wenn der Körper um seinen inneren Massenschwerpunkt herum im Gleichgewicht ist.

Stellen Sie sich mit festem schulterbreitem Stand aufrecht hin. Stellen Sie sich nun vor, Sie befinden sich in einem überfüllten Bus. Von allen Seiten werden Sie bedrängt und angerempelt. Allmählich wird Ihnen das Spiel zu bunt, und Sie rempeln mit Ihren Schultern zurück.
Ihre Schultern bilden dabei eine feste Achse, Ihren Körpermittelpunkt.
Ihre Arme schwingen dabei locker nach.
Sie werden feststellen, dass Sie mit einem festen Stand nicht aus dem Gleichgewicht kommen.
Wiederholen Sie die Übung abwechselnd mit beiden Schultern.

Stellen Sie sich danach in einen unsicheren Stand. Sie können beispielsweise die Beine kreuzen oder sich auf ein Bein stellen. Versuchen Sie nun erneut, Ihre „Mitfahrer" mit den Schultern anzurempeln.
Sie werden vermutlich feststellen, dass Sie bei einem unsicheren Stand viel leichter aus dem Gleichgewicht kommen, vielleicht sogar den Halt verlieren.

Haltung im Sitzen

Die „richtige" Haltung – sowohl im Sitzen als auch im Stehen – entsteht aus der **Auseinandersetzung mit dem eigenen Körper** und durch ein **Ausbalancieren des eigenen Körpergewichts**. Eine wichtige Voraussetzung für eine aufrechte Haltung im Sitzen ist ein guter Kontakt zum Boden, da die Aufrichtung des Körpers von unten beginnt. Eine weitere wichtige Voraussetzung ist die senkrechte Stellung des Beckens. Im Sitzen ist diese Stellung durch die Sitzhöcker spürbar. Das Körpergewicht lagert auf dem höchsten Punkt der Sitzhöcker. Die Wirbelsäule wird dadurch mühelos aufgerichtet.
Ist das Becken nicht aufgerichtet, sondern nach hinten gekippt, geraten die Bereiche oberhalb des Beckens aus dem Gleichgewicht. Dadurch kommt es zu Fehlhaltungen und mitunter zu chronischen Folgebeschwerden.

Bei der folgenden Übung zur aufrechten Haltung im Sitzen geht es nicht darum, verschiedene Positionen einzustudieren. Viel wichtiger ist es, ein klares Gespür für eine gesunde, aufrechte und angenehme Haltung im Sitzen zu bekommen.
Auch hier ist es das Ziel, eine zentrierte Haltung wie in der vorangegangenen Übung zu finden, diesmal allerdings im Sitzen.
Setzen Sie sich dazu aufrecht auf einen Stuhl. Tanzen Sie nun auf Ihren beiden Sitzhöckern Ballett, indem Sie sich kreisend abwechselnd nach rechts und links bewegen. Wenn Sie etwas ins Hohlkreuz gehen, können Sie Ihre Sitzhöcker noch deutlicher spüren.
Versuchen Sie nun, Ihren Körpermittelpunkt zu finden bzw. auszubalancieren.
Im Gegensatz dazu können Sie versuchen, sich mit krummem Rücken hinzusetzen und sich etwas nach vorne zu beugen. Sie werden feststellen, dass Sie in dieser Haltung Ihre Sitzhöcker wesentlich weniger spüren als in einer aufrechten Sitzhaltung.

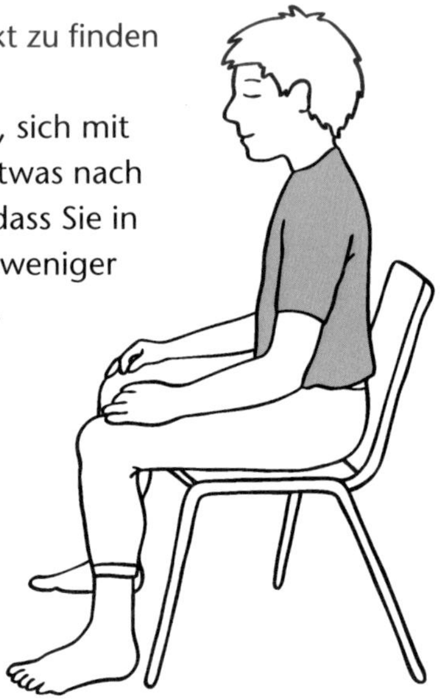

Präsenzübungen

Der Stuhl – meine Bühne

Lesen Sie sich die unten stehenden Sprichwörter durch, und prägen Sie sich einige ein. Sprechen Sie nun einige Sprichwörter laut und deutlich in den Raum.

Steigen Sie nun auf einen Stuhl, und sprechen Sie die Sprichwörter noch einmal. Lassen Sie auch Gestik zu.
Steigen Sie nun wieder vom Stuhl herab, und vergleichen Sie Ihre Präsenz. Wie haben Sie sich auf dem Boden gefühlt, wie auf Ihrer kleinen Bühne? Haben Sie einen Unterschied in der Körperspannung und Präsenz festgestellt? Wie hat Ihre Stimme auf dem Stuhl geklungen?

Sie werden wahrscheinlich feststellen, dass Ihre Stimme auf dem Stuhl lauter und raumfüllender geklungen hat und Sie sich auf Ihrer Bühne offener und selbstsicherer präsentiert haben.

Wiederholen Sie die Übung, und versuchen Sie nun, dieses Gefühl der Präsenz auch auf dem Boden beizubehalten.

- *Auch ein blindes Huhn findet mal ein Korn.*
- *Wer rastet, der rostet.*
- *Lügen haben kurze Beine.*
- *Wie man sich bettet, so liegt man.*
- *Wie gewonnen, so zerronnen.*
- *Wer im Glashaus sitzt, soll nicht mit Steinen werfen.*
- *Geteiltes Leid ist halbes Leid.*
- *Morgenstund hat Gold im Mund.*
- *Wer anderen eine Grube gräbt, fällt selbst hinein.*
- *Viele Köche verderben den Brei.*
- *Jeder ist seines Glückes Schmied.*

Shakespeare-Splitter

Eine weitere Übung, um ein präsentes Auftreten zu üben, ist das Üben mit **Schauspieltexten**. Sie sollen neben den Texten an sich sowohl den „Aufgang" auf die Bühne als auch den „Abgang" üben.

Stellen Sie sich also vor, Sie haben als Schauspieler einen Auftritt in einem Shakespeare-Stück. Sie warten hinter der Bühne auf Ihren Einsatz. Als Ihr Stichwort fällt, gehen Sie auf die Bühne. Begeben Sie sich zu Ihrem Standort, und lassen Sie zunächst den Blick ins imaginäre Publikum schweifen. Fixieren Sie danach eine Person (in Ihrem Fall kann dies ein Gegenstand im Raum sein), und sprechen Sie einen der unten stehenden Abschnitte. Wenn Sie mit Ihrem Abschnitt fertig sind, verlassen Sie die Bühne wieder.

Wichtig bei dieser Übung ist zum einen, dass Sie während des Auf- und Abgangs eine präsente Haltung zeigen, aber auch während des Sprechens beibehalten. Die Texte sollen nicht einfach nur vorgelesen werden, sondern wie von einem Schauspieler vorgetragen werden. Trauen Sie sich, auch zu übertreiben. Wenn es zur Situation passt, lassen Sie auch Gestik zu.

Sie können diese Übung mehrmals wiederholen. Überprüfen Sie dabei, ob sich Ihr Auftreten im Laufe der Zeit ändert.

Aus „Ein Sommernachtstraum"
– William Shakespeare –

Komm, lass uns hier auf Blumenbetten kosen!
Beut, Holder, mir die zarte Wange dar:
Den glatten Kopf besteck ich dir mit Rosen
Und küsse dir dein schönes Ohrenpaar.

Schlaf du! Dich soll indes mein Arm umwinden.
Ihr Elfen, weg! Nach allen Seiten fort! –
So lind umflicht mit süßen Blumenranken
Das Geißblatt; so umzingelt, weiblich, zart,
Das Efeu seines Ulmbaums raue Finger:
Wie ich dich liebe! Wie ich dich vergöttre!

Packe dich, du Zwergin!
Du Ecker du, du Paternosterkralle!

Hinweg, du Hund! Du treibst durch deine Streiche
Mich armes Weib zur Wut. Hast du ihn umgebracht:
Nie werde mehr für einen Mann geacht't.

O Huldin! Schönste! Göttin meiner Wahl!
Womit vergleich ich deiner Augen Strahl?

Aus „Der Sturm"
– William Shakespeare –

Die Pest fahr' euch in den Hals,
bellender, gotteslästerlicher Hund, der ihr seid!

Du lügnerischer Sklav,
Der Schläge fühlt, nicht Güte!

3 Atmung

Grundlagen zur Atmung

So wie ohne Atmung kein Leben möglich ist, gibt es **ohne Atmung auch keine Stimme**. Heinz Fiukowski bezeichnet die Sprechatmung deshalb auch als „tönend gemachtes Ausatmen"[3].
Generell wird zwischen **zwei Funktionen** der Atmung unterschieden. Die primäre und auch ältere Funktion der Atmung besteht im lebensnotwendigen **Gasaustausch**, bei dem Sauerstoff in den Körper aufgenommen und kohlendioxidhaltige Luft abgegeben wird (Vitalfunktion). Die Sekundärfunktion der Atmung besteht in der **Stimmerzeugung**.
Der äußere Vorgang der Atmung verläuft in **drei Phasen**:

- der **Einatmung** (Inspiration), bei der sauerstoffreiche Luft aufgenommen wird,
- der **Ausatmung** (Exspiration), bei der kohlendioxidhaltige Luft abgegeben wird, und
- einer **Ruhephase**, in der sich die bei der Einatmung beteiligten Muskeln entspannen.

> *Die Atembewegung ist am stärksten in der Bauchgegend spürbar. Probieren Sie es einmal aus, indem Sie sich mit geschlossenen Augen hüftbreit hinstellen oder hinlegen – dann wird es einfacher. Legen Sie die Hand auf den Bauch, und atmen Sie ruhig ein und aus. Was spüren Sie?*
>
> *Sie werden wahrscheinlich spüren, dass sich der Bauch bei der Einatmung nach außen wölbt und bei der Ausatmung wieder nach innen tritt.*

Die Erklärung hierfür ist recht einfach:
Bei der Einatmung ziehen sich die Zwerchfellmuskeln zusammen, und die Zentralsehnenplatte senkt sich. Auf Grund des tiefertretenden Zwerchfells werden die Bauchorgane zusammen und nach vorne gedrängt. Der Brustraum wird um etwa ein Drittel nach unten erweitert. Bei der Ausatmung erschlafft die Einatmungsmuskulatur, und die Bauchdecke sinkt wieder einwärts. Das Zwerchfell steigt nach oben. In der Atempause entspannen und lockern sich die an der Atmung beteiligten Kräfte. Das Nichteinhalten dieser Pause kann zu einer flachen und überhasteten Atmung führen.

3 Fiukowski, Heinz: Sprecherzieherisches Elementarbuch. 6., unveränderte Auflage, Niemeyer: Tübingen 2002, S. 5.

Bei der **Sprechatmung** verlängert sich die Ausatemphase. Die Ruhepause fällt meistens weg. Je nach Art der Anforderung beim Sprechen kann auch die Einatemphase kürzer ausfallen.

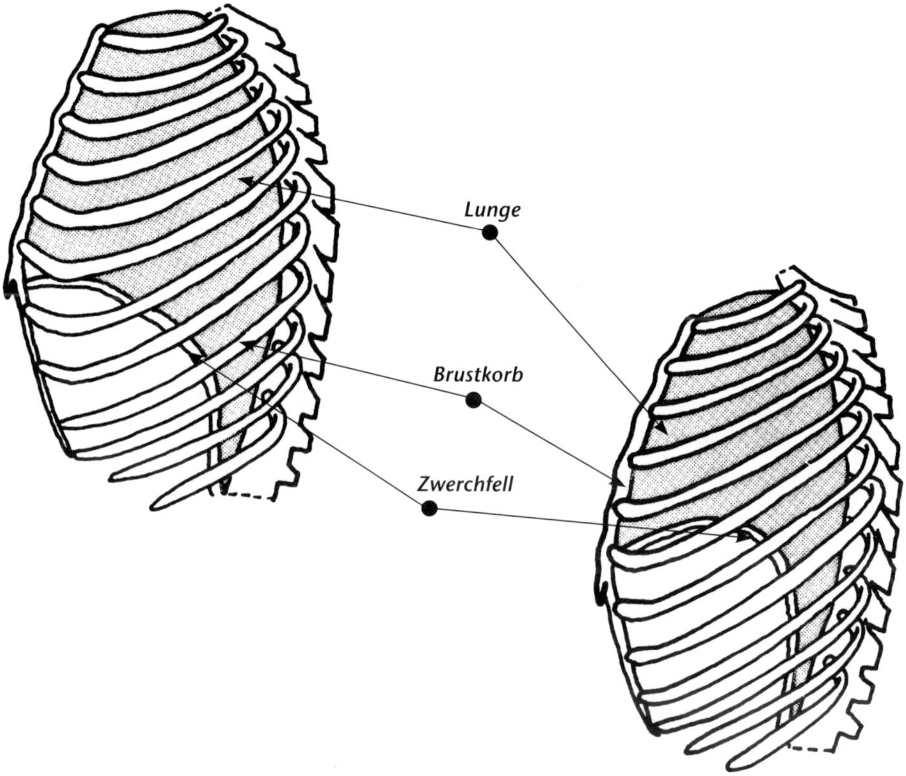

Zwerchfell und Lunge beim Einatmen (links) und Ausatmen (rechts)

Im Alltag machen wir uns selten Gedanken über unsere Atmung, da sie einfach funktioniert. Dass die Atmung in Bezug auf die Stimmfunktion eine bedeutende Rolle spielt, wird uns erst bewusst, wenn wir beispielsweise schnell gerannt und außer Atem sind. Unsere Stimme klingt dann schwächer. Der Atem ist aus dem gleichmäßigen Rhythmus geraten.

Man unterscheidet **verschiedene Formen der Atmung**, die nach den Körperabschnitten mit der stärksten Atembewegung bezeichnet werden: Schulter- bzw. Schlüsselbeinatmung, Brustatmung, Flankenatmung, Bauch- bzw. Zwerchfellatmung. Isolierte, ungemischte Atmungsformen kommen physiologisch nicht vor.

Anzustreben ist eine **kombinierte Zwerchfell-Flankenatmung**, da bei ihr bei geringster Muskelarbeit der größtmögliche Nutzen erzielt und die wirkungsvollste Atemleistung erbracht werden kann.

Eine Form der **Fehlatmung** ist die so genannte **Hochatmung**, bei der die Schultern und der Brustkorb als Ganzes hochgezogen oder eine Dehnung nur des oberen Brustkorbes erreicht wird. Die Bauchdecke ist entweder versteift oder wird – völlig entgegen der natürlichen Atembewegung – bei der Einatmung eingezogen. Die Kopf- und Halsmuskulatur sowie die Schultern sind meist verspannt. Folge ist eine ungenügende Sauerstoffversorgung, da auf Grund der flachen Atmung nur die oberen Lungenspitzen belüftet werden. Die ungenügende Sauerstoffversorgung verursacht Ermüdungserscheinungen und mindert die Leistungsfähigkeit. Ferner kann es zu einer Vernachlässigung bzw. Beeinträchtigung der physiologischen Zwerchfellfunktion kommen. Denn das Zwerchfell wird während der Einatmung durch den Einwärtszug der Bauchmuskulatur passiv in die Höhe gedrängt und verkleinert den Brustraum von unten. Die Verspannungen im Hals wirken sich auf die innere und äußere Kehlkopfmuskulatur aus und gefährden die Stimmgebung. Die Stimme wird auf Grund der Fehlatmung und Fehlspannung der Kehlkopfmuskulatur hart und schneidend. Des Weiteren kann es zu **Stimmstörungen** kommen.

Am Atmungsvorgang ist der ganze Körper beteiligt. Dabei spielen Haltung und Form der Wirbelsäule eine wichtige Rolle (siehe Kapitel 2).

Atmung ist Voraussetzung für das Sprechen. Durch **Atemübungen** lernen wir, unsere Atmung bewusst wahrzunehmen und neue Atemräume zu erfahren. Regelmäßige Atemübungen helfen außerdem dabei, in stressigen Situationen weiteratmen zu können, da wir die Atmung bewusst steuern können.

In den folgenden Übungen geht es zum einen um die **Bewusstmachung des Atemvorgangs und um die Aktivierung der Tiefenatmung**, also der Zwerchfell-Flankenatmung. Zum anderen lernen Sie Übungen kennen, die zu einem ökonomischen Sprechen und zu einer resonanzreichen Stimme beitragen.

Atemübungen

Atemfinden im Stehen

Stellen Sie sich schulterbreit und mit lockeren Knien hin. Schließen Sie die Augen. Legen Sie eine Hand auf den Bauch, und atmen Sie einige Minuten ruhig ein und aus. Was beobachten Sie? Was passiert mit Ihrem Körper, mit Ihrem Stand und mit Ihrer Bauchdecke?

Sie werden wahrscheinlich beobachten, dass Ihr Körper während des Atmens nicht stillsteht, sondern nach vorne und hinten und/oder zur Seite schwankt. Atmung ist also auch immer mit Körperbewegung verbunden.

Unser Körper passt sich automatisch dem natürlichen Atemrhythmus an. Auch Ihre Bauchdecke bewegt sich bei der Atmung, nämlich wie oben bereits beschrieben, nach außen bei der Einatmung und nach innen bei der Ausatmung.

Die Bauchbewegung können Sie sichtbar machen, indem Sie einen aufgeblasenen Luftballon zwischen Ihren Bauch und eine Wand klemmen. Wenn Sie tief einatmen, drückt sich der Ballon zusammen, da sich die Bauchdecke nach vorne bewegt. Bei der Ausatmung erlangt der Luftballon wieder seine ursprüngliche Form.

Es ist möglich, dass Sie bei dieser Übung feststellen, dass Ihre Atembewegung genau umgekehrt funktioniert, das heißt, bei der Einatmung bewegt sich Ihre Bauchdecke nach innen, bei der Ausatmung nach außen. Die Gründe hierfür können vielfältig sein. Zum einen ist es möglich, dass Sie sich zu sehr auf die Übung konzentriert haben. Verzweifeln Sie nicht gleich, sondern versuchen Sie, sich zu entspannen und die Übung noch einmal zu wiederholen.
Gelingt es Ihnen nicht, legen Sie sich auf eine Matte auf den Boden. Legen Sie nun ein Buch oder einen anderen flachen Gegenstand auf Ihren Bauch. Atmen Sie ruhig ein und aus. Sie werden feststellen, dass Sie im Liegen von selbst in den Bauch atmen und sich die Bauchdecke beim Einatmen nach außen bewegt und beim Ausatmen nach innen.

Schlürfen mit Strohhalm

Um die **Atembewegung sichtbar zu machen** und zu verdeutlichen, eignet sich die nachfolgende Übung sehr gut. Besorgen Sie sich einen Strohhalm, den Sie etwas kürzen. Stellen Sie sich nun vor, Sie schlürfen einen leckeren Milchshake. Nehmen Sie den Strohhalm dazu in den Mund, und schlürfen Sie laut und genüsslich an Ihrem Shake. Beim Schlürfen sollte sich die Bauchdecke nach außen bewegen, danach geht die Bauchdecke wieder in ihre Ausgangslage zurück. Schlürfen Sie so lange an Ihrem Shake, bis die letzten Reste verschwunden sind.

Hecheln

Sie sollen in der folgenden Übung hecheln wie ein Hund. Wenn es Ihnen hilft, dürfen Sie dazu auch gerne die Zunge heraushängen lassen. Beobachten Sie nun, was mit Ihrer Bauchdecke passiert. Sie sollte sich auf und ab bewegen. Machen Sie während der Übung immer wieder kleine Pausen, da Sie sonst hyperventilieren können! Wiederholen Sie das Hecheln einige Male.

Wenn Sie einen Hund besitzen, beobachten Sie für einige Minuten seine Atmung, nachdem er schnell gelaufen ist. Sein Körperumfang erweitert sich beim Einatmen, und beim Ausatmen zieht sich der Umfang wieder zusammen. Ziel der Übung ist die **Lockerung des Zwerchfells und der Bauchmuskulatur.**

Atemschnüffeln

Ziel der folgenden Übung ist die **Aktivierung der Tiefenatmung**. Stellen Sie sich aufrecht hin, und legen Sie eine Hand auf den Bauch. Stellen Sie sich nun vor, Sie halten in der anderen Hand eine duftende Blume (oder einen anderen gut riechenden Gegenstand). Machen Sie parallel dazu auch die passende Bewegung, das heißt, Ihre Hand hält die Blume so, dass Sie daran riechen können.

Die Übung läuft folgendermaßen ab:

- durch den Mund ausatmen
- kurze Pause

- 3-mal durch die Nase einschnüffeln (mit kurzen Unterbrechungen), aber nicht ausatmen. Bei jedem Atemzug sollte sich der Gürtelumfang ein wenig erweitern.
- kurze Pause
- ausatmen durch den Mund

Gelingt es Ihnen nicht, die Bauchdecke bei jedem Atemzug ein wenig zu erweitern, beginnen Sie mit einmal Einschnüffeln. Wenn Sie nach einigen Tagen oder Wochen merken, dass dies gut funktioniert, fahren Sie mit zwei bzw. drei Atemzügen fort.

Durch die Vorstellung einer duftenden Blume oder eines anderen gut riechenden Gegenstandes wird die Einatmung verstärkt und die Tiefenatmung aktiviert.

Aktivierung der Flankenatmung

Wenn wir atmen, ist die Atembewegung nicht nur in der Bauch- und Brustgegend sichtbar und spürbar. Auch die so genannten Flanken sind am Atemvorgang beteiligt. Als Flanken bezeichnet man die Regionen im Bereich des Rumpfes unterhalb der Rippen, die sich über den seitlichen Bauch und den vorderen Rücken erstrecken.
Wie oben beschrieben, kann mit einer kombinierten Zwerchfell-Flankenatmung der größtmögliche Nutzen bei geringstem Muskeleinsatz erzielt werden.

Die meisten Menschen verbinden mit der Atembewegung die Ein- und Auswärtsbewegung der Bauchdecke. Das hängt damit zusammen, dass die Bewegung der Flanken bei den meisten Menschen im aufrechten Stand kaum zu spüren ist.

> *Um die Bewegung der Flanken zu spüren, gehen Sie in die Hocke, und beugen Ihren Oberkörper nach vorne. Greifen Sie nun mit beiden Händen, die Daumen nach vorne gerichtet, fest in Ihre Flanken. Atmen Sie mit geschlossenem Mund tief durch die Nase ein und durch den Mund wieder aus. Spüren Sie die Atembewegung in Ihren Flanken?*

Die Erklärung, warum in dieser Haltung die Flankenbewegung besser spürbar ist als im Stehen, ist einfach: Durch die ungünstige Haltung wird die Bauchdecke eingeklemmt. Die einströmende Luft muss sich einen anderen Weg bzw. Ort suchen. Und diese Dehnung ist in den Flanken spürbar und sichtbar.
Den gleichen Effekt können Sie erzielen, wenn Sie sich auf einen Stuhl setzen und den Oberkörper nach vorne beugen.

Um die Dehnung der Flanken und somit eine ideale Tiefenatmung zu erreichen, können Sie mit der oben beschriebenen Übung beginnen. Führen Sie die Übung einige Wochen durch. Wenn Sie den Eindruck haben, dass sich Ihre Flanken spürbar dehnen, versuchen Sie, sich nach und nach aufzurichten und die Dehnung der Flanken auch im Stehen beizubehalten.
Diese Übung erfordert Zeit und Geduld und vor allem ein regelmäßiges Üben.

Atemrhythmisch angepasste Phonation

(nach Coblenzer/Muhar)

Viele Menschen vergessen vor lauter Sprechen das Atmen. Das Ergebnis ist, dass die letzten Worte regelrecht herausgepresst werden und das Sprechen immer anstrengender wird. Damit geht oftmals ein geräuschvolles Schnappen nach Luft einher.

Entscheidend bei einer ökonomischen Sprechatmung ist, dass die zur Verfügung stehende Luft effektiv eingeteilt wird.

Der Professor, Sprecherzieher und Schauspieler Dr. phil. Horst Coblenzer und der Professor Dr. med. Franz Muhar haben dazu das Konzept der atemrhythmisch angepassten Phonation entwickelt. Ziel der atemrhythmisch angepassten Phonation ist es, **das Sprechen dem natürlichen Atemrhythmus anzupassen**. Dies bedeutet, dass wir nur so lange sprechen, wie uns tatsächlich Luft zur Verfügung steht.

Um den natürlichen und individuellen Atemrhythmus zu finden, setzen Sie sich auf das vordere Drittel eines Stuhls. Umfassen Sie mit beiden Händen eines Ihrer Knie, und heben Sie es an. Schaukeln Sie einige Male langsam vor und zurück, und spüren Sie, wie sich Ihr Atemrhythmus dem Schaukeln anpasst: Die Luft kommt mit dem Rückschwung und geht mit dem Vorschwung. Sie werden merken, dass Sie beim Rückschwung gar nicht groß nach Luft schnappen müssen, sondern die Luft wie von selbst einströmt.

Wenn Sie Ihren Atemrhythmus gefunden haben, atmen Sie beim Nach-vorne-Gehen auf *fff* aus.

Wenn Sie diese Übung einige Male wiederholt haben, sprechen Sie beim Vorschwung ein langgezogenes *wom, som* oder *mam.*

Nach einigen Malen können Sie versuchen, ganze Sätze zu sprechen. Hierfür eignen sich besonders gut Kinderlieder oder -reime. Coblenzer/Muhar schlagen als ersten Übungssatz folgenden vor:

Ich gäb' was drum,
wenn ich nur wüsst,
wer heut der Herr
gewesen ist.

Wichtig ist, dass Sie zuvor immer erst Ihren Atemrhythmus finden und sich „einschaukeln". Sprechen Sie danach langsam Zeile für Zeile. Lassen Sie nach jeder Zeile erneut Luft einströmen. Wenn Sie merken, dass Sie nach dem Sprechen noch Luft übrig haben, versuchen Sie, zwei Zeilen auf einmal zu sprechen.

Sie werden feststellen, dass das Sprechen bei dieser Übung nicht anstrengend ist, weil Sie Ihren individuellen Atemrhythmus gefunden haben. Diese Übung dient vor allem dazu, ein Gespür für den eigenen **Atemrhythmus zu bekommen** und diesen dann nach und nach im Alltag zu erfahren und sich ihm anzupassen.

Reflektorische Atemergänzung und Abspannen

(nach Coblenzer/Muhar)

Eine wichtige Voraussetzung für ein ökonomisches Atmen und Sprechen ist die **reflektorische Atemergänzung**.
Dieser Vorgang kann mit einem Blasebalg verglichen werden. Treten wir auf den Blasebalg, strömt Luft aus. Lassen wir ihn los, füllt sich der Ballon von selbst wieder mit Luft. Übertragen auf unseren Organismus bedeutet dies, dass sich die Einatmung wie von selbst vollzieht. Wir müssen vor dem Sprechen also gar nicht groß nach Luft schnappen, sondern die Luft einfach einströmen lassen.

Mit **Abspannen** ist der Vorgang gemeint, der die reflektorische Atemergänzung auslöst. Bevor neue Luft in den Körper einströmt, muss die restliche Luft erst ausströmen und die an der Atmung beteiligten Muskeln müssen sich entspannen.

Die folgenden beiden Übungen bieten Ihnen die Möglichkeit, **das Ablassen der überschüssigen Luft** in der Lunge durch das Abspannen **gezielt zu üben**, sodass die reflektorische Atemergänzung stattfinden kann. Sie können dabei die reflektorische Atemergänzung auch einmal ganz bewusst erleben.

Abspannen mit t

Haken Sie die Hände in Brusthöhe voreinander ein. Die Ellbogen sind dabei etwas angehoben. Achten Sie aber darauf, dass Sie die Schultern nicht in die Höhe ziehen. Ziehen Sie nun die Hände kräftig auseinander, und sprechen Sie das Wort *nicht*, wobei der Laut *ch* gedehnt wird. Zeitgleich mit der Aussprache des *t* wird die Spannung der Hände gelöst.

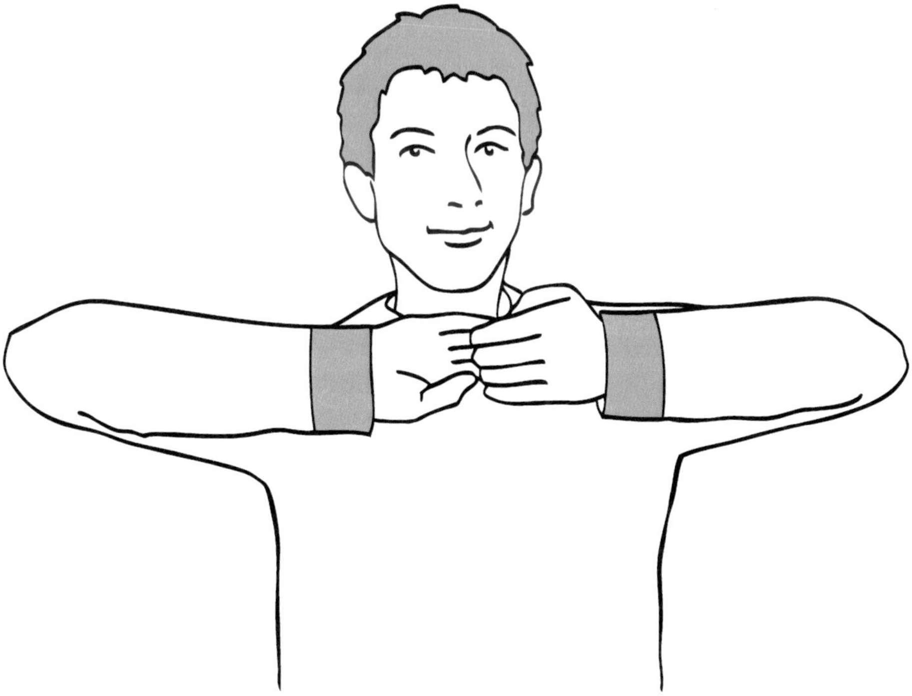

Wiederholen Sie die Übung einige Male. Beim *t* löst sich automatisch die Bauchdecke, die restliche Luft strömt aus, und neue Luft strömt von selbst ein (reflektorische Atemergänzung). Wenn Sie eine Hand vor den Mund halten, können Sie spüren, dass mit dem Aufgeben des *t* Luft entweicht. Sprechen Sie nun den Satz *Das glaub ich nicht*. Wie oben beschrieben, bauen Sie auch hier während des Satzes eine Spannung durch das Auseinanderziehen der Hände auf. Beim *t* lösen Sie die Spannung, sodass die Bauchdecke gelöst wird und neue Luft einströmen kann.
Diese Übung soll Ihnen ein **Gefühl für das Anspannen und Entspannen beim Atmen und Sprechen** vermitteln.

Abspannen mit Ballwerfen

Für die folgende Übung benötigen Sie einen Tennisball. Falls Sie keinen Ball zur Hand haben, können Sie die Übung alternativ auch mit einem imaginären Ball durchführen.
Stellen Sie sich aufrecht hin, den Tennisball in der Wurfhand. Heben Sie nun die Wurfhand hoch über den Kopf, und werfen Sie den Tennisball mit dem Ruf *hopp* vor sich auf den Boden. Der hochspringende Ball wird in Höhe des Ellenbogens wieder gefangen.
Achten Sie darauf, dass sich der Verschluss der Lippen beim *pp* löst. Wiederholen Sie die Bewegung einige Male.

Mit der Armbewegung über den Kopf strömt genug Luft für die Stimmgebung ein; wir brauchen nicht extra Luft zu holen. Die Ausatmung geschieht beim Rufen des *hopp*. Durch das Lösen der Lippenspannung beim *pp* werden die Atemmuskeln entspannt.

Auch wenn Sie das Tempo steigern, werden Sie merken, dass Sie nicht außer Atem kommen, da die **Luft reflektorisch ergänzt** wird.

Atemstütze

Durch die Atemstütze wird die **Ausatemphase verlängert und bewusst geführt**. Hauptgedanke der Stütze ist es, durch eine Aufrichtung der Wirbelsäule, vor allem der Halswirbelsäule, durch Weithalten des Brustkorbes mit Hilfe der Zwischenrippenmuskeln und durch Kippen der Lendenwirbelsäule dem Einsinken des Atembehälters entgegenzuwirken, sodass sich das **Zwerchfell so lange wie möglich in einer Tiefstellung** befindet. Dies wirkt sich positiv auf den Luftdruck aus, der sich unterhalb der Stimmritze aufbaut und der zum Erzeugen von Tönen notwendig ist (subglottischer Druck), ebenso wie auf die Stimmlippenschwingungen.

Besonders in diesem Bereich ist es wichtig, klare Worte zu finden, um diesen schwammigen Begriff plausibel zu erklären.
Eine meiner Meinung nach geeignete Definition ist die nach Winckel: „Stütze ist der Halt, den die Einatmungsmuskulatur dem Zusammensinken des Atembehälters entgegensetzt. Die Stütze dient dazu, den zur Phonation notwendigen subglottischen Druck auf den kritischen Druck (optimaler Betriebsdruck) zu reduzieren."[4]

Einfach ausgedrückt: Ziel der Stütze ist die bewusste Führung des Ausatmungsluftstromes und die Verlängerung der Ausatmung.
Dabei versucht man, die Bauchdecke während des Sprechens, also Ausatmens, nicht einfach einfallen zu lassen, sondern bewusst zu führen.
Ziel ist, dass sich das Zwerchfell bei der Ausatmung so langsam wie möglich wieder hebt, indem die Einatemspannung des Zwerchfells erhalten bleibt.
Der **Atemkörper muss während des Ausatmens also weit bleiben**.
Voraussetzung dafür ist eine gewisse **Atemspannung**.

> *Ein Gefühl für die Atemspannung bekommen Sie, wenn Sie sich vorstellen, Sie betreten einen großen schönen Raum (beispielsweise einen Dom oder ein Schloss) und sind erstaunt über dessen Schönheit und Weite.*
> *In solch einer Situation werden Sie mit Ihrem Atem einen Moment innehalten. Ihr Atemkörper ist in diesem Moment geweitet. Denselben Effekt können Sie erzielen, wenn Sie sich vorstellen, Sie sitzen in einem stillen Raum, und plötzlich klopft es unerwartet an der Tür. Sie erschrecken und stellen sich die Frage, wer das wohl sein mag.*

4 Winckel, Fritz (1952), zit. nach Habermann (2003), S. 121.

Auch hier wird ein Gefühl der Weite erzeugt. Genau dieses Gefühl soll bei der Stütze über einen längeren Zeitraum aufrechterhalten werden.

Das Einüben der Stützfunktion bewirkt zum einen eine Verlängerung der Ausatmung und **befähigt somit zu einem längeren Sprechen**.
Zum anderen klingt die **Stimme kräftiger** und resonanzreicher.

Erste Übung zum Einüben der Stütze

Legen Sie sich auf eine Matte auf den Rücken. Arme und Beine sind dabei ausgestreckt. Legen Sie nun eine Hand auf den Bauch, und atmen Sie einige Male ein und aus. Machen Sie sich noch einmal die Atembewegung bewusst. Versuchen Sie danach, den Ausatemstrom zu verlängern, indem Sie auf *fff* ausatmen. Sprechen Sie ein scharfes *fff*, und lassen Sie nur wenig Luft durch Ihre Lippen. Die Bauchdecke sollte sich dabei nur sehr langsam wieder senken. Versuchen Sie Ihre Ausatmung bewusst zu führen. Wiederholen Sie diese Übung einige Male.

Wenn Sie sich mit dieser Übung sicher fühlen, versuchen Sie, die Übung im Stehen durchzuführen. Wenn Sie auch hier sicher sind, versuchen Sie es mit der folgenden Übung.

Stütze am Text üben

Um die Stützfunktion am Text zu üben, eignen sich Gedichte besonders gut, da die Zeilen meist gleich lang sind.
Sprechen Sie das nachfolgende Gedicht von Wilhelm Busch. Legen Sie dabei Ihre Hände auf den Bauch oder an die Flanken. Versuchen Sie, immer zwei Zeilen auf einmal zu sprechen, ohne dass sich Ihre Stimme am Ende der zweiten Zeile gepresst anhört. Dies erreichen Sie, indem Sie Ihren Ausatemstrom gezielt führen und die Bauchdecke und die Flanken nicht einfach einsacken lassen.
Wenn Sie sich nach einigen Wochen sicher fühlen, können Sie auch versuchen, mehrere Zeilen auf einmal zu sprechen.

Max und Moritz
Erster Streich
– Wilhelm Busch –

Mancher gibt sich viele Müh'
Mit dem lieben Federvieh;
Einesteils der Eier wegen,
Welche diese Vögel legen,
Zweitens: weil man dann und wann
Einen Braten essen kann;
Drittens aber nimmt man auch
Ihre Federn zum Gebrauch
In die Kissen und die Pfühle,
Denn man liegt nicht gerne kühle. –
Seht, da ist die Witwe Bolte,
Die das auch nicht gerne wollte.
Ihrer Hühner waren drei
Und ein stolzer Hahn dabei. –
Max und Moritz dachten nun:
Was ist hier jetzt wohl zu tun? –
– Ganz geschwinde, eins, zwei, drei,
Schneiden sie sich Brot entzwei,
In vier Teile, jedes Stück
Wie ein kleiner Finger dick.
Diese binden sie an Fäden,
Übers Kreuz, ein Stück an jeden,
Und verlegen sie genau
In den Hof der guten Frau. –
Kaum hat dies der Hahn gesehen,
fängt er auch schon an zu krähen:
Kikeriki, kikikerikih!! –
Tak, tak, tak! – da kommen sie.

Hahn und Hühner schlucken munter
Jedes ein Stück Brot hinunter;
Aber als sie sich besinnen,
Konnte keines recht von hinnen.
In die Kreuz und in die Quer
Reißen sie sich hin und her,
Flattern auf und in die Höh',
Ach herrje, herrjemine!
Ach, sie bleiben an dem langen,
Dürren Ast des Baumes hangen. –
– Und ihr Hals wird lang und länger,
Ihr Gesang wird bang und bänger,
Jedes legt noch schnell ein Ei,
Und dann kommt der Tod herbei. –
Witwe Bolte in der Kammer
Hört im Bette diesen Jammer;
Ahnungsvoll tritt sie heraus:
Ach, was war das für ein Graus!
„Fließet aus dem Aug', ihr Tränen!
All mein Hoffen, all mein Sehnen,
Meines Lebens schönster Traum
Hängt an diesem Apfelbaum!"
Tiefbetrübt und sorgenschwer
Kriegt sie jetzt das Messer her,
Nimmt die Toten von den Strängen,
Daß sie so nicht länger hängen,
Und mit stummem Trauerblick
Kehrt sie in ihr Haus zurück. –
Dieses war der erste Streich,
Doch der zweite folgt sogleich.

4

Stimme

Wie entsteht Stimme?

Der Aufbau des Kehlkopfes

Aufbauend auf die Atmung spielt in der Stimmbildung die **Phonation**, also die **Stimmerzeugung im Kehlkopf**, eine wesentliche Rolle.
Das Organ für die Stimmerzeugung ist der Kehlkopf, der sich vorwiegend aus einer Reihe Knorpeln, die von Bändern zusammengehalten werden, aufbaut. Der für die Stimmgebung wichtigste Teil des Kehlkopfes sind die **Stimmlippen**. Häufig wird für die Stimmlippen die nicht ganz exakte Bezeichnung „Stimmbänder" verwendet. Die Stimmlippen bestehen aus einem verflochtenen Muskelgewebe, dessen Membranen die eigentlichen Stimmlippen sind. Bei den Stimmlippen handelt es sich um Schleimhautfalten, die sich um den Stimmmuskel herumlegen. Die Stimmbänder am Rand der Stimmlippen besitzen im Gegensatz zu den muskulären Stimmlippen keinerlei Fähigkeit, sich selbstständig in Bewegung zu setzen.

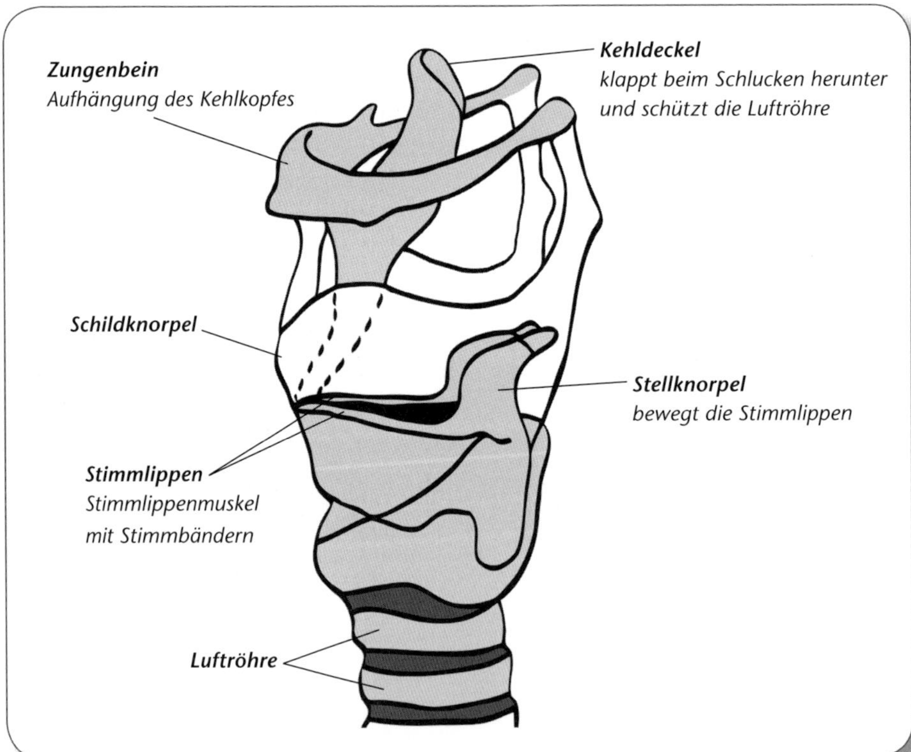

Kehlkopf mit Stimmbändern und Stimmlippen

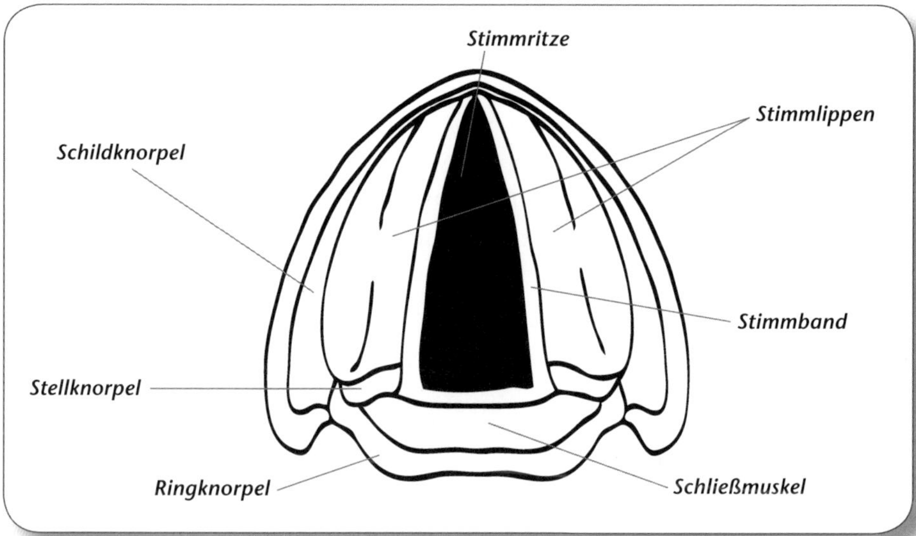

Stimmlippen

Der Raum zwischen den Stimmlippen wird als **Stimmritze (Glottis)** bezeichnet. Je nachdem, welche Stellungen die Stimmlippen einnehmen, verändert sich die Form der Stimmritze. In **Ruhestellung**, bei geräuschloser Atmung, ist sie geöffnet und hat die Form eines lang gezogenen schmalen Dreiecks. Bei der **Stimmgebung** liegen die Stimmlippen parallel fast aneinander, sodass die Stimmritze als feiner elliptischer Längsspalt erscheint.
In der **Hauchstellung** verengt sich die Stimmritze zu einer spindelförmigen Längsöffnung. Beim **Flüstern** ist sie so weit geschlossen, dass nur noch ein kleines Dreieck, das so genannte „Flüsterdreieck", entsteht. Beim Husten oder Bauchpressen ist die Stimmritze kurzzeitig ganz geschlossen.

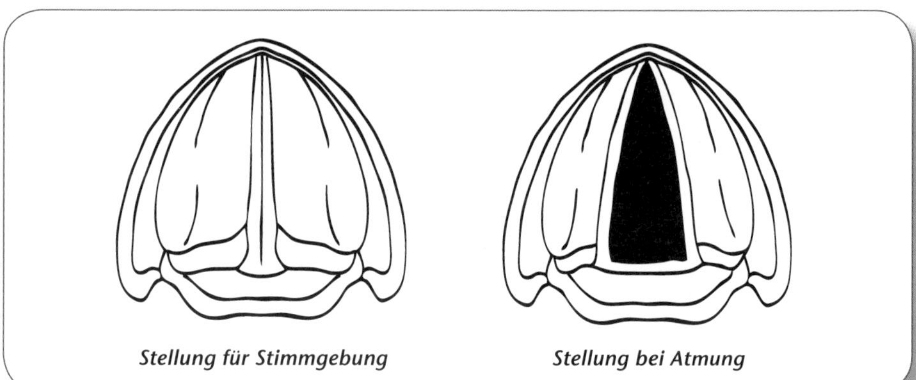

Stimmritze in den unterschiedlichen Stellungen

Stimmerzeugung und die Sprechstimmlage

Bei der **Stimmerzeugung** versetzt der Luftstrom die **Stimmlippen in periodische Schwingungen**. Dabei strömt die Luft aus den Lungen durch die Luftröhre zu den locker geschlossenen Stimmlippen. Durch den entstehenden Druck wird der Verschluss der Stimmlippen gesprengt.
Der ständig wechselnde Druck und Unterdruck wandelt den Luftstrom in **rhythmische Luftstöße** um, die beim menschlichen Ohr als **Ton** (im physikalischen Sinne: Klang) ankommen.

Die Länge der Stimmlippen bestimmt über die **Tonhöhe** der Stimme.
Da die Stimmlippen von Männern im Durchschnitt um ein Viertel länger sind als die von Frauen, liegt eine Männerstimme deshalb im Mittel eine Oktave unter einer Frauenstimme.

Einen wichtigen Punkt für ökonomisches Sprechen stellt das Sprechen in der **physiologischen Sprechstimmlage** (oder Indifferenzlage) dar. Mit physiologischer Sprechstimmlage ist der Tonhöhenbereich gemeint, in dem mit dem **geringsten Kraftaufwand** und mühelos längere Zeit gesprochen werden kann. Eine entspannte Stimmlage hat man dann, wenn man körperlich entspannt ist, dann liegt auch der Kehlkopf weit unten. Das Sprechen in der Indifferenzlage geht daher immer mit einem Kehlkopftiefstand einher.
Die Stimmlippen sind lang und schwingen bei höchstmöglicher Entspannung.

Die physiologische Sprechstimmlage umfasst das untere Drittel des musikalischen Stimmumfangs bzw. die unteren zwei Drittel des Gesamtsprechbereichs. Die mittlere Sprechstimmlage stellt einen Mittelwert dar, um den sich die Sprechtonlage bewegt. Bei Männern liegt dieser Bereich etwa zwischen G–c, bei Frauen zwischen g–c^1.
Den untersten Bereich des Gesamtsprechbereichs nennt man Lösungstiefe. Im Deutschen fällt die Stimme häufig am Satzende in die Lösungstiefe. Man kann sie z.B. über die Kauübung auf Seite 54 ermitteln und so den unteren Bereich der physiologischen Sprechstimmlage erfahren.

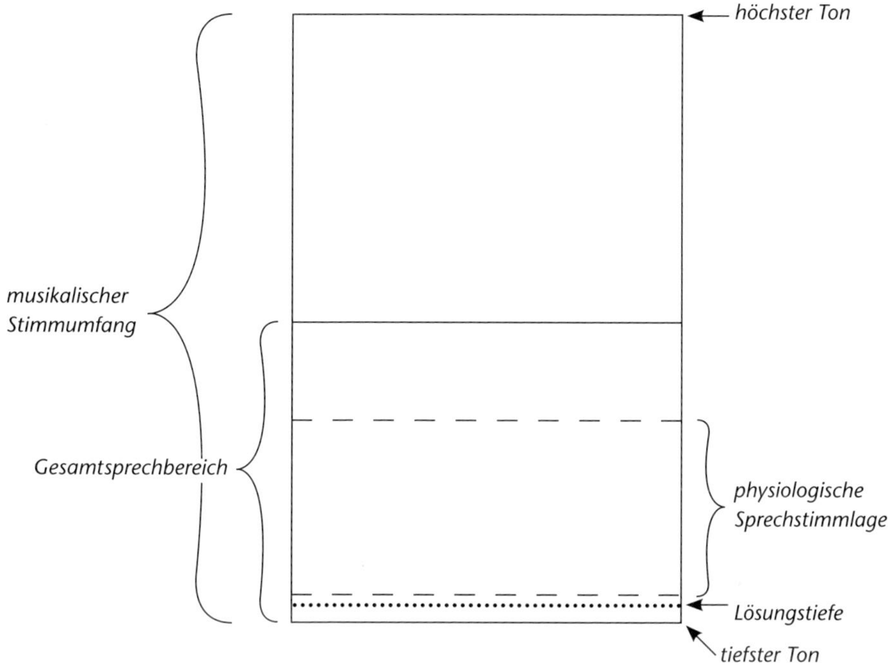

Tonumfang mittlere Sprechstimmlage

Die physiologische Sprechstimmlage bezeichnet keinen feststehenden Ton, auf dem monoton gesprochen wird, sondern ein **Tonspektrum, um das sich die Stimme beim Sprechen bewegt** und von dem sie kurzzeitig nach unten oder oben abweicht. Ständiges Abweichen von der physiologischen Sprechstimmlage, besonders in die Höhe, ist auffällig und kann der Beginn einer Stimmerkrankung sein. Die Ursachen für das Verlassen der physiologischen Sprechstimmlage sind meist mit Emotionen gekoppelt. Begeisterung, Aufregung, Eifer, aber auch Wut treiben die Stimme in die Höhe. Folge ist eine Überspannung der Stimmlippen.

Doch nicht nur allein auf Grund der Gefahr für die eigene Stimme sollten Sie auf ein Sprechen in der Indifferenzlage achten, sondern auch weil sich die **erhöhte Sprechspannung** auf den oder die Zuhörer übertragen kann. Man spricht hier vom so genannten „funktionellen Nachvollzug", bei dem der Zuhörer die Anspannung nicht nur registriert, sondern auch mitfühlt. Diese **Übertragung auf den Zuhörer** zeigt sich nicht nur bei einer erhöhten Sprechstimme. Auch eine belegte Stimme kann dazu führen, dass der Zuhörer anfängt, sich zu räuspern. Der funktionelle Nachvollzug kann sogar so weit führen, dass der Zuhörer selbst Schmerzen im Hals empfindet, da er die Anspannung des Sprechers fühlt und seine Muskeln mit anspannt. Die Beispiele zeigen, wie stark wir auf Stimmeigenschaften reagieren.

Gerade aus diesen Gründen ist es für Lehrer – und natürlich für alle Berufssprecher – wichtig, **die persönliche Sprechstimmlage zu kennen** und immer wieder in diese Lage zurückzukehren. Denn eine beeinträchtigte Stimme kann Unruhe, Stress und Unaufmerksamkeit der Schüler zur Folge haben und somit das Unterrichtsgeschehen negativ beeinflussen.
Ab Seite 54 finden Sie viele Übungen zum Finden Ihrer physiologischen Sprechstimmlage und zum **effektiven Einsatz der Stimme**.

Stimmeinsatz

Als Stimmeinsatz bezeichnet man „den Moment, in dem die Stimmlippen aus einem schwingungslosen Zustand in die Stimmstellung übergehen, und die Art, wie sie zum Schwingen ansetzen.“[5]
Dabei unterscheidet man **drei Arten des Stimmeinsatzes**:

- Beim **gehauchten Einsatz** nähern sich die Stimmlippen einander an, berühren sich aber nicht vollständig. Während dieser relativ langsamen Schließbewegung werden die Stimmlippen bereits in leichte Schwingungen versetzt. Der Ausatmungsstrom reibt sich an den Stimmlippen, wodurch ein leises Hauchgeräusch entsteht. Der gehauchte Stimmeinsatz findet in der deutschen Sprache Anwendung bei dem Phonem */h/* im Anlaut vor Vokalen. Auf Grund des hohen Luftverbrauchs sollte der gehauchte Einsatz ansonsten vermieden werden (v.a. beim vokalischen Wortanlaut).

- Der **weiche Stimmeinsatz** zeichnet sich dadurch aus, dass die Stimmlippen von der Atmungsstellung schnell in die Stimmstellung übergehen und dann, bis auf einen kleinen elliptischen Spalt, geschlossen sind. Durch den allmählich ansteigenden subglottischen Druck werden die Stimmlippen in gleichmäßig zunehmende Schwingungen versetzt. Aus stimmhygienischer Sicht sollte vorwiegend der weiche Einsatz verwendet werden, da bei ihm keine Luftverschwendung, wie beim gehauchten Einsatz, stattfindet.

5 Fiukowski, Heinz: Sprecherzieherisches Elementarbuch. 6., unveränderte Auflage, Niemeyer: Tübingen 2002, S. 41.

- **Glottisschlageinsätze** entstehen dadurch, dass die Stimmlippen sich zur Lauterzeugung aneinanderlegen und durch die unter den Stimmlippen komprimierte Luft auseinandergedrängt werden. Dabei entsteht ein leiser „Sprenglaut", der den Schwingungsbeginn einleitet. Beim Glottisschlag wird zwischen einer **physiologischen Form** (fester Einsatz) und einer **stimmschädigenden Form** (harter Einsatz) unterschieden. Die stimmhygienische Variante entsteht durch einen lockeren Kehlverschluss, das heißt, die Stimmlippen liegen entspannt aneinander. So ist nur ein geringer subglottischer Druckanstieg nötig, um den Verschluss zu lösen. „Der hygienische Glottisschlag entspricht etwa [...] jenem ‚weichen' Knall, der bei behutsamem Sprengen des lockeren Kehlverschlusses beim stimmlosen Vokalflüstern entsteht."[6]
  Der stimmhygienische Glottisschlag ist charakteristisch für den vokalischen Anlaut in der deutschen Standardaussprache, z.B. bei *Ampel* oder *Ente.*
  Beim harten Stimmeinsatz werden die Stimmlippen regelrecht aneinandergepresst. Die Masse der Stimmlippen ist maximal gespannt. Der stärker gestaute Atem unterhalb der Glottis reißt die Stimmlippen beim Einsetzen der Stimme weit auseinander, sodass ein harter Knall entsteht. Der harte Stimmeinsatz sollte weitestgehend vermieden werden, da die Gefahr einer raschen Stimmermüdung besteht. Er sollte nur in Ausnahmefällen (z.B. beim gespannten Sprechen oder Singen) angewandt werden.

Entsprechend den drei Stimmeinsätzen gibt es auch **drei Arten des Stimmabsatzes**. Als Stimmabsatz wird der Moment bezeichnet, in dem die Stimmlippen in einen schwingungslosen Zustand übergehen, und die Art, wie die Schwingungen enden. Beim gehauchten Absatz öffnet sich die Stimmritze, sodass ein Atemgeräusch hörbar wird. Beim weichen Stimmabsatz klingt die Stimme mit Aufhören des subglottischen Atemdruckes ohne Hauchgeräusch aus. Das feste oder harte Absetzen zeichnet sich dadurch aus, dass die Glottis am Ende der Phonation fest verschlossen wird und der Ton plötzlich abbricht. Auch hier sollte der weiche Absatz den anderen aus stimmhygienischen Gründen vorgezogen werden.

6 Fiukowski, Heinz: Sprecherzieherisches Elementarbuch. 6., unveränderte Auflage, Niemeyer: Tübingen 2002. S. 44.

Übungen zum Finden der Indifferenzlage

Kauübung

(nach Fröschels)

Stellen Sie sich vor, Sie essen eine sehr leckere Speise. Kauen Sie nun langsam und genüsslich auf dieser imaginären Speise herum. Sie dürfen mit offenem Mund kauen, schmatzen und genüssliche Laute (beispielsweise *mnjom, mnjam, mnjem, mnjim, mnjum*) von sich geben. Sprechen Sie danach einen beliebigen Satz. Was stellen Sie fest?

Ihre Stimme wird nun tief, resonanzreich und entspannt klingen.
Die Übung zeigt, allein der Gedanke an eine angenehme, entspannte Situation führt zu einer entspannten Stimmgebung.

Diese Übung dient zunächst dazu, Ihre **Stimme „in die Tiefe" zu bringen**. Würden Sie in genau dieser Stimmlage weitersprechen, wäre der Ton vermutlich etwas zu tief. Versuchen Sie also nach dieser Übung nicht, bewusst tief zu sprechen, sondern lassen Sie Ihre Stimme einfach „kommen". Die persönliche Sprechstimmlage liegt meist in etwa eine Terz höher.

Die alltägliche Umsetzung dieser Übung erfordert Zeit und Geduld. Bis die persönliche Sprechstimmlage in den Alltag integriert werden kann, kann einige Zeit vergehen. Die Übung dient vor allem dazu, ein **Gefühl für die eigene Sprechstimmlage zu bekommen** und zu erfahren, wie sie klingt. Wenn Sie diese Erfahrung gemacht haben und sich „gemerkt" haben, ist es Ihnen möglich, immer wieder in diese Lage zurückzukehren.

Variation:

Versuchen Sie, an die genüsslichen Laute (z.B. *mnjom, mnjam, mnjem, mnjim, mnjum*) ein mit *m* beginnendes Wort anzuhängen. Sprechen Sie die Wörter bewusst langsam. Sie dürfen sie auch etwas in die Länge ziehen.
Wichtig ist, dass zwischen den Genusslauten und dem Wort keine Pause entsteht, sondern das Wort direkt angeschlossen wird.
Es wird Ihnen leichter fallen, wenn Sie sich Wörter ausdenken, die wiederum Speisen sind.

Hier einige Beispiele:

- *Marmelade*
- *Maracuja*
- *Melone*
- *Mandarine*
- *Mandeln*
- *Meerrettich*
- *Möhren*
- *Milch*
- *Mango*
- *Mohn*
- *Marzipan*
- *Muskat*
- *Majonäse*
- *Majoran*
- *Malzbier*
- *Mokkaeis*
- *Moselwein*
- *Mozartkugeln*
- *Miesmuscheln*
- *Mais*

Gelangweilt zählen

Eine weitere Möglichkeit, die persönliche Sprechstimmlage zu finden, besteht darin, ganz gelangweilt die Wochentage von Montag bis Sonntag aufzählen. Auch hier hilft Ihnen die Vorstellung, Ihre Stimme in die Tiefe zu bringen.

Gelangweilt zustimmen

Eine ähnliche Methode, die ebenfalls auf einer Vorstellung beruht, ist folgende: Stellen Sie sich vor, Sie treffen eine alte Bekannte, die Ihnen im Detail von ihrer letzten Urlaubsreise erzählt. Irgendwann lässt Ihre Konzentration nach, da Ihre Bekannte ununterbrochen weiterredet. Sie kommentieren Ihre Geschichte nur noch ab und an mit einem gelangweilten „Mmh". Auch dieses „Mhm" wird in einer tiefen und entspannten Stimmlage erklingen.

Stimmlockerungsübungen

Gähnübung

Eine altbewährte und einfache Stimmlockerungsübung ist das Gähnen. Versuchen Sie, zu gähnen, auch wenn Sie nicht müde sind – erst mit offenem Mund, danach mit geschlossenem Mund (das so genannte Höflichkeitsgähnen). Gähnen bewirkt eine Tiefstellung des Kehlkopfes und eine Entspannung der Stimmlippen. Gähnen ist sozusagen wie eine Massage für die Stimmlippen. Außerdem wird der Rachen- und Kehlresonanzraum geweitet. Diese Einstellung trägt zu einer **tragfähigen Stimme** und einer **deutlichen Artikulation** bei.

Seufzen

Seufzen Sie aus ganzem Herzen, und lassen Sie dabei die Tonhöhe fallen. Sie können sich dabei auch eine bestimmte Situation vorstellen:

- Sie kommen nach einem stressigen Tag nach Hause, setzen sich erst einmal hin und lassen mit einem Seufzer Ihre Anspannung los.
- Sie erfahren von einer Freundin eine Nachricht, die Sie erleichtert. Mit einem Seufzer und einem gedachten „Gott sei Dank" zeigen Sie Ihre Erleichterung.

Wiederholen Sie das Seufzen einige Male, und versuchen Sie, den Ton jedes Mal ein wenig zu verlängern. Beobachten Sie bei dieser Übung auch, was mit Ihrem Oberkörper passiert, wenn Sie ausatmen.
Diese Übung bewirkt eine **ganzheitliche Lockerung** des Rachen- und Mundraumes und eine Lockerung und Tiefstellung des Kehlkopfes.

Summen

Summen Sie locker auf *m*, und klopfen Sie dabei sanft Ihren Brustkorb ab. Versuchen Sie, die Tonhöhe zu variieren und eine Art Schleife zu singen, indem Sie den Ton von oben nach unten und von unten nach oben kreisen lassen.

Diese Übung können Sie auch einsetzen, wenn Sie das Gefühl haben, Sie müssen sich räuspern. Nach dem Summen löst sich der Schleim besser von den Stimmlippen, sodass Sie ihn einfach abschlucken können. Räuspern führt lediglich zu einer vorübergehenden Stimmverbesserung und regt die Schleimproduktion letztendlich nur noch mehr an (vgl. Kapitel 7 zur Stimmhygiene).

Lippenflattern

Legen Sie die Lippen locker aufeinander, so als ob Sie ein *b* sprechen wollten. Bringen Sie nun durch den Ausatemstrom die Lippen zum Flattern. Das Geräusch ähnelt dem eines schnaubenden Pferdes.
Geben Sie anschließend Ihre Stimme hinzu. Das Geräusch ähnelt dem eines fahrenden Autos, so wie es kleine Kinder oft als Motorengeräusch nachmachen. Variieren Sie auch hier die Tonhöhe.
Diese Übung lockert nicht nur die Artikulationsorgane, insbesondere die Lippen, sondern beugt auch einer gepressten Stimmgebung vor.

Gliederkasper

Mit der folgenden Übung lockern Sie sowohl Ihren Körper als auch Ihre Stimme. Stellen Sie sich locker hin. Fangen Sie nun an, mit den Beinen zu federn und zu wippen. Nehmen Sie auch Ihre Arme hinzu und lassen diese locker mit der Körperbewegung mitschwingen. Verstärken Sie das Federn, bis ein leichtes Hüpfen entsteht. Ihr Körper sollte sich anfühlen, als wäre er aus Gummi. Sie können sich auch vorstellen, Sie sind eine Puppe, deren Gliedmaßen schlaff und locker nach unten hängen und bei jeder Bewegung nachgeben. Wichtig ist, dass Sie Ihren Unterkiefer bei dieser Übung locker hängen lassen. Geben Sie nun einen Ton hinzu. Es muss kein schöner Ton sein. Auf Grund der Bewegung wird der Ton sogar sehr wackelig klingen. Nach etwa einer Minute können Sie die Bewegungen wieder verlangsamen und wieder zum Stehen kommen.

Übungen zum Stimmeinsatz

Ventiltönchen

(nach Schilling)

Das Ventiltönchen entspricht dem oben beschriebenen festen Glottisschlageinsatz (s. S. 53). Man spricht auch vom **Vokaleinsatz**, da er besonders bei Wörtern, die mit einem Vokal beginnen, spür- und hörbar ist. Da im Deutschen die Wörter nicht aneinandergebunden werden, wie z.B. im Französischen oder Italienischen, kommt der Vokaleinsatz im Deutschen relativ häufig vor.
Man spricht dann von einem gesunden Vokaleinsatz, wenn die Stimmlippen vor jedem Wort präzise schließen. Schließen die Stimmlippen nicht richtig, klingt die Stimme dünn und verhaucht. Schlagen die Stimmlippen im Gegensatz dazu zu hart aufeinander – was gerade beim lauten Sprechen der Fall sein kann –, klingt die Stimme gepresst.
Mit Hilfe der folgenden Übung zum Ventiltönchen können Sie **den festen Glottisschlageinsatz üben**.

Bildung des Ventiltönchens:
Öffnen Sie den Mund so, als wollten Sie den Laut *a* sprechen. Halten Sie kurz den Atem an, sodass sich die Luft an den Stimmlippen staut. Flüstern Sie nun den Laut *a*. Die angestaute Luft drängt die Stimmlippen auseinander, und es entsteht ein leises Knackgeräusch. Um Ihnen eine Vorstellungshilfe zu geben: Der Knacklaut wird in der Literatur häufig mit dem Zerplatzen einer Seifenblase verglichen.

Die Übung gelingt am besten, wenn man vorher nicht oder nur wenig einatmet. Seien Sie nicht enttäuscht, wenn Ihnen die Übung nicht sofort gelingt. Es erfordert einiges an Übung, bis man das richtige Verhältnis zwischen Atemstau und lockerem Kehlverschluss gefunden hat.

Achten Sie in jedem Fall darauf, dass das Ventiltönchen nicht verhaucht klingt und dass die Übung Sie nicht anstrengt.
Beim Ventiltönchen handelt es sich um eine Vorübung zum festen Glottisschlageinsatz. Die Stimmlippen geraten nicht in Schwingung, und wir erzeugen keine Stimme. Akustisch ist lediglich der Knacklaut zu hören, der auf Grund der Einstellung der Sprechwerkzeuge (in diesem Fall formen sich die Lippen zum Laut *a)* eine Vokalfärbung erhält.

Um eventuellen Falschbildungen vorzubeugen, empfiehlt es sich, das Ventiltönchen unter Anleitung eines Sprecherziehers einzuüben. Intensiver üben sollten Sie in diesem Bereich ohnehin nur, wenn Ihnen die Bildung des Ventiltönchens schwerfällt.

Variante 1:
Wenn Sie das Ventiltönchen beherrschen, können Sie die Übung auch mit Wörtern durchführen, die mit einem Vokal beginnen. Beginnen Sie, wie oben beschrieben, damit, die Luft kurz anzuhalten, und flüstern Sie dann die unten stehenden Wörter. Bei jedem Wort sollte zu Beginn ein Knacklaut zu hören sein. Lassen Sie sich für diese Übung Zeit, und machen Sie vor jedem Wort eine kleine Pause.

Ampel	*Eltern*	*immer*	*oft*	*unter*
Alge	*Engel*	*Igel*	*Oma*	*Umstand*
Apfel	*Essen*	*impfen*	*Ofen*	*Ulm*
anders	*Elfe*	*Indien*	*Onkel*	*Unke*
Alter	*Ernte*	*Iltis*	*offen*	*Unfall*
Abend	*Ebene*	*Insel*	*Ort*	*Umsatz*

Variante 2:
Zählen Sie flüsternd und betont rhythmisch von Eins bis Drei, wobei Sie mit den Händen den Takt angeben. Statt der Zahl Vier wird dann das Testwort in normaler Lautstärke gesprochen wird.
Beispiel: *eins, zwei, drei* (flüsternd) – *Ampel* (normale Lautstärke)
Sie können für diese Übung ebenfalls die Wörter aus der Tabelle verwenden.

Stimmkräftigende Übungen

Die folgenden Übungen zur Stimmkräftigung sind hilfreich und sinnvoll für alle Menschen, die häufig laut sprechen oder rufen müssen. Gerade als Lehrer wissen Sie vermutlich nur allzu gut, wie es ist, gegen einen ständigen Geräuschpegel mit der Stimme ankämpfen zu müssen.

Mit den folgenden Übungen lernen Sie eine Technik kennen, mit der Sie **laut sprechen und rufen** können, ohne Ihre Stimmlippen zu belasten. Durch eine ruckartige Entspannung des Zwerchfells wird die Spannung nicht im Kehlkopf „abgeladen". Ihr Zwerchfell wird durch die Übungen gestärkt; eine Tiefstellung des Kehlkopfes ist gewährleistet.

Hinweis:
Die Übungen können aber genauso eine Hilfe für diejenigen sein, die noch keinen Mut zu ihrer eigenen Stimme haben. Sie werden in diesen Übungen neue Erfahrungen sammeln, die sich auch auf Ihr **Selbstbewusstsein** auswirken werden.

Atemwurf

(nach Fernau-Horn)

Beim ruhigen Atmen wölbt sich die Bauchdecke während des Einatmens nach außen, bei der Ausatmung kehrt die Bauchdecke wieder in ihre Ausgangslage zurück.
Beim Husten, Lachen oder Niesen atmen wir schnell und stoßweise aus, und die Bauchdecke schnellt ruckartig nach innen.
Versuchen Sie es einmal, indem Sie so tun, als würden Sie husten oder lachen. Ihre Bauchdecke wird sich im Gegensatz zum ruhigen Atmen schnell und ruckartig hinein- und herausbewegen.

Dieses Prinzip der **beschleunigten Ausatmung** kommt auch bei der folgenden Übung zum Atemwurf zum Einsatz.

Stellen Sie sich zunächst aufrecht hin, legen Sie eine Hand auf den Bauch, und atmen Sie ruhig ein und aus. Beobachten Sie Ihre Atmung, und werden Sie sich noch einmal des Atemvorgangs bewusst.

Atmen Sie in einem nächsten Schritt auf *fff* aus. Achten Sie darauf, dass Sie mit den Zähnen und den Lippen eine Enge bilden, sodass Sie den Luftstrom gezielt führen können. Wiederholen Sie dies einige Atemzüge lang. Machen Sie zwischendurch immer wieder kleine Pausen, damit Sie nicht hyperventilieren.

Stellen Sie sich nun vor, Sie wollen mit dem Laut *f* schnell eine Kerze ausblasen. Ziehen Sie dazu ruckartig Ihre Bauchdecke ein, und stoßen Sie den Laut *f* aus. Wichtig ist hierbei, dass Sie die Bauchdecke sofort wieder locker lassen, sodass die Bauchdecke in ihre Ausgangslage zurückkehrt. Sie müssen vor dem Ausblasen nicht groß einatmen. Blasen Sie nun einige vorgestellte Kerzen hintereinander aus. Pro Ausatmung erfolgt nur ein Atemwurf. Vergessen Sie aber auch hier nicht, kleine Pausen einzulegen.

In einem nächsten Schritt sprechen Sie das Wort *hopp* und ziehen dabei ruckartig die Bauchdecke ein. Mit dem Laut *pp* löst sich Bauchdecke wieder und kehrt in ihre Ausgangslage zurück. Wenn Ihnen dieser Schritt gelingt, werden Sie etwas lauter und rufen das *hopp* als eine Art Aufforderung („Jetzt mach' schon!").
Beherrschen Sie den Atemwurf mit dem kurzen Wort, lässt er sich auch auf längere Äußerungen oder Rufe übertragen. Dabei liegt der Atemwurf auf dem am stärksten betonten Wort.

Hinweis:
Sollten Sie während dieser Übung Halsschmerzen bekommen, haben Sie die Spannung vermutlich nicht über das Zwerchfell, sondern über den Kehlkopf abgeladen. Versuchen Sie nicht, mit aller Gewalt die Übung fortzusetzen, sondern bitten Sie nach Möglichkeit einen Sprecherzieher um Hilfe.

Auf dem Fußballplatz

In der folgenden Übung geht es darum, den Atemwurf bei Wörtern anzuwenden.
Stellen Sie sich dazu folgende Situation vor: Sie sind auf einem Fußballplatz. Zwischen Ihrem Lieblingsverein und der gegnerischen Mannschaft findet gerade ein hochspannendes Spiel statt.
Natürlich wollen Sie, dass Ihre Mannschaft gewinnt, und feuern sie deshalb kräftig an. Aber Sie regen sich auch über Entscheidungen des Schiedsrichters auf.
Unten finden Sie eine Liste mit Wörtern, die bei einem Fußballspiel fallen könnten. Sie können sich aber gerne noch weitere Wörter ausdenken. Versuchen Sie, sich in die oben beschriebene Situation hineinzuversetzen, und feuern Sie Ihre Mannschaft an, bzw. geben Sie kurze Kommentare zum Spielverlauf ab.
Da dies eine Übung zum Atemwurf ist, vergessen Sie vor lauter Schreien bitte nicht, diesen auch anzuwenden.
Auch bei dieser Übung gilt: Sollte Sie diese Übung anstrengen oder Ihnen Halsschmerzen verursachen, brechen Sie die Übung ab.

- *Foul!*
- *Tempo!*
- *Einwurf!*
- *Halt!*
- *Stopp!*
- *Hand!*
- *Weiter!*
- *Los!*
- *Lauf!*
- *Renn!*
- *Mach!*
- *Tor!*

Hinweis:
Bei zweisilbigen Wörtern liegt der Atemwurf auf der ersten Silbe.

Stoßübungen

(nach Fröschels)

Das Prinzip der folgenden Übung beruht darin, dass die Kraft einer Muskelgruppe auf eine andere übertragen wird.

Die geballten Hände werden seitlich an den Oberkörper gelegt. Während man laut die Silben *pa – pe – pi – po – pu* spricht, werden die Hände vom Oberkörper bis an die Oberschenkel kräftig nach unten gedrückt.

Durch die körperliche Anstrengung wird die Annäherung der Stimmlippen bei der Stimmgebung unterstützt.

Während des Sprechens die Hände ballen …

… und kräftig nach unten drücken.

Resonanzübungen

In der Physik spricht man von Resonanz, wenn ein **schwingungsfähiger Körper** durch aufeinanderfolgende Schwingungen **in seiner Eigenfrequenz angeregt wird** und sich dadurch kräftigere Schwingungen entwickeln. Dasselbe Prinzip finden wir bei der menschlichen Stimme.
Stimme entsteht, indem die Stimmlippen im Kehlkopf in Schwingungen versetzt werden. Der dadurch entstehende Schall breitet sich im Körper aus und regt schwingungsfähige Körpersubstanzen, wie Knochen und Schleimhäute, zum Mitschwingen an. Wenn wir verspannt sind, können nicht genug Körperteile mitschwingen. Die Stimme ist nicht raumfüllend und tragfähig. Um eine resonanzreiche Stimme zu haben, ist es deshalb wichtig, so viele Körpersubstanzen wie möglich zum Schwingen zu bringen, damit der Schall fortgesetzt werden kann. Die **Stimme klingt dann voll und tragfähig**, ohne dass sie lauter ist.
Die Schwingungen bei der Stimmgebung werden vor allem im Bereich des Kopfes (Kopfresonanz) und des Oberkörpers (Brustresonanz) als Vibration wahrgenommen.

> *Wie leitfähig der menschliche Körper für Schwingungen ist, können Sie ausprobieren, indem Sie eine Stimmgabel anschlagen und dann an Ihren Körper halten. Die Schwingungen der Stimmgabel werden auf Ihren Körper übertragen. Besonders gut spürt man die Vibration am Kopf und am Brustbein.*

Mit den folgenden Übungen können Sie Ihre **Resonanzräume entdecken** und an einer vollen und tragfähigen Stimme arbeiten.

Summen mit Nasalen

Stellen Sie sich aufrecht hin, und summen Sie auf *m*. Tasten Sie nun Ihr Gesicht, Ihren Hals und Oberkörper mit der flachen Hand ab. Was spüren Sie? Summen Sie anschließend auch die Laute *n* und *ng*. Spüren Sie einen Unterschied? Bei welchem Laut spüren Sie die meisten Vibrationen?

Summen mit Luftballon

Für diese Übung benötigen Sie einen aufgeblasenen Luftballon. Stellen Sie sich aufrecht hin, und halten Sie den Luftballon 1–2 cm vor Ihre Lippen. Summen Sie nun ein *m*.
Sie werden spüren, dass sich die Schwingungen Ihres Tones an den Luftballon übertragen und dieser zu vibrieren beginnt. Summen Sie erneut ein *m*, und versuchen Sie nun, den Luftballon immer weiter von Ihrem Mund zu entfernen. Ihr Ziel sollte es sein, den Luftballon so weit wie möglich vom Mund zu entfernen und trotzdem die Schwingungen wahrzunehmen.
Diese Übungen können Sie auch mit anderen Lauten wie *n, ng, w* (stimmhaft) und *s* (stimmhaft) sowie mit Lautverbindungen wie *ma, mam, si, sim* etc. durchführen.

Resonanzreihen

Sprechen Sie die folgenden Resonanzreihen so resonanzreich wie möglich aus.

Hinweis:
Das *e* wird offen, also wie ein *ä* ausgesprochen, das *o* offen wie im Wort *Onkel. S* und *w* werden stimmhaft ausgesprochen.

- *mim – mem – mam – mom – mum – möm – müm*
- *min – men – man – mon – mun – mön – mün*
- *nin – nen – nan – non – nun – nön – nün*
- *sim – sem – sam – som – sum – söm – süm*
- *win – wen – wan – won – wun – wön – wün*

Lautgesten

(nach Ritter)

Die vorherigen Übungen hatten vor allem die Resonanz der Konsonanten zum Inhalt. Wenn es um Resonanz geht, sollten aber die **Vokale** nicht außer Acht gelassen werden.

Die folgende Übung nennt sich Lautgesten, weil hierbei mit Gesten (also mit dem Körper) nachgestellt wird, was die Artikulationsorgane machen, wenn wir die unterschiedlichen Vokale artikulieren.
Kopplung des Lautes an eine Geste oder Bewegung verstärkt die Resonanz, und die Stimme klingt automatisch voller und resonanzreicher.

Die nachfolgenden Gesten und Bewegungen sind lediglich Vorschläge. Sie können auch eigene Gesten erfinden und diese in die Übung einbauen. Achten Sie aber darauf, dass diese mit der Bewegung der Artikulationsorgane korrespondieren.
Sprechen Sie den ersten Vokal der Übung (in diesem Fall das *o*), und bilden Sie die dazu beschriebene Lautgeste. Ziehen Sie den Laut etwas in die Länge. Ihre Stimme sollte dabei tief und entspannt klingen. Wiederholen Sie den Laut einige Male, und fahren Sie dann mit dem nächsten Laut fort.

- **O** (offenes *o* wie im Wort *Oldenburg*)
- **Lautgeste:** Durch den Raum laufen und einen imaginären Medizinball vor sich tragen.

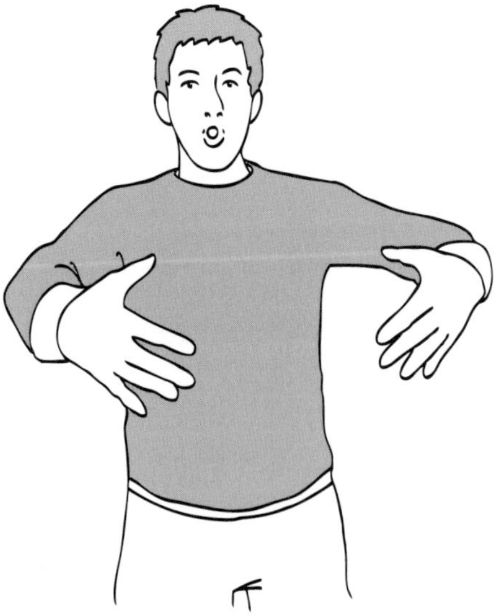

- **A**

- **Lautgeste:** Beide Arme gerade vor dem Körper ausstrecken; eine Hand drückt gegen einen gedachten Widerstand nach unten, die andere nach oben; Vorstellung Schere.

- **U**

- **Lautgeste:** Mit den Händen eine kleine Kugel formen.

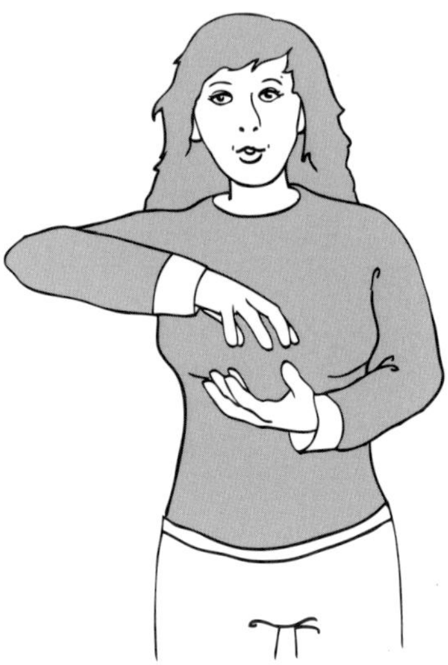

- **I**

- **Lautgeste:** Das *I* ist ein sehr spitzer und zielgerichteter Laut. Laufen Sie durch den Raum, und zielen Sie mit einer gerichteten Bewegung auf Gegenstände. Die Hand weist dem *I* die Richtung. Es entsteht der Eindruck, als dringe das *I* pfeilartig vorwärts.

Beginn der Bewegung

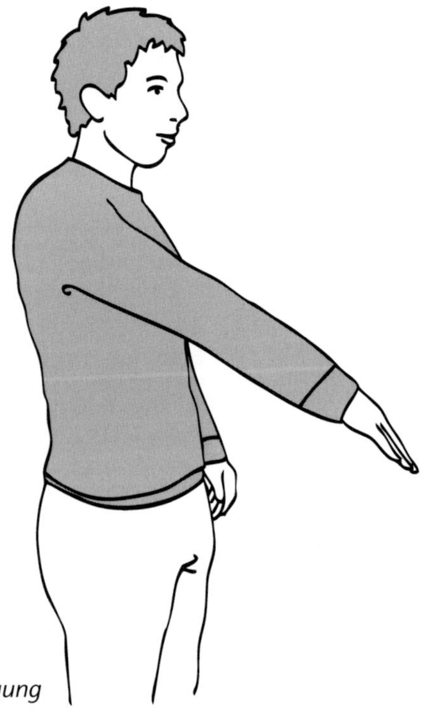

Ende der Bewegung

- E

- **Lautgeste:** Die vor dem Körper parallel ausgestreckten Hände drücken gegen zwei imaginäre Widerstände nach außen.

Hinweis:
Achten Sie beim *I* und *E* darauf, dass Sie die Lippen nicht zu sehr in die Breite ziehen und den Kopf nicht nach vorne überstrecken. Beide Bewegungen können dazu führen, dass Sie sich verkrampfen.

Gedicht mit viel Resonanz sprechen

Sprechen Sie das folgende Gedicht so resonanzreich wie möglich. Sie dürfen auch gerne Laute wie *mmh* etc. in das Gedicht einbauen.

Sommer
– Ilse Kleberger –

Weißt du, wie der Sommer riecht?
Nach Birnen und nach Nelken,
nach Äpfeln und Vergissmeinnicht,
die in der Sonne welken,
nach heißem Sand und kühlem See
und nassen Badehosen,
nach Wasserball und Sonnencrem,
nach Straßenstaub und Rosen.

Weißt du, wie der Sommer schmeckt?
Nach gelben Aprikosen
und Walderdbeeren, halb versteckt
zwischen Gras und Moosen,
nach Himbeeren, Vanilleeis
und Eis aus Schokolade,
nach Sauerklee vom Wiesenrand
und Brauselimonade.

Weißt du, wie der Sommer klingt?
Nach einer Flötenweise,
die durch die Mittagsstille dringt,
ein Vogel zwitschert leise,
dumpf fällt ein Apfel in das Gras,
ein Wind rauscht in den Bäumen,
ein Kind lacht hell, dann schweigt es schnell
und möchte lieber träumen.

5 Artikulation

Grundlagen zur Artikulation

Die **Grundvoraussetzung für ein deutliches Sprechen** ist eine gute Artikulation. Das Wort „Artikulation" ist vom lateinischen Wort „articulare" abgeleitet und bedeutet soviel wie „deutlich sprechen". Unter Artikulation versteht man die Bildung der Laute mit Hilfe der Sprechwerkzeuge.
Die verschiedenen Laute entstehen im Ansatzrohr, welches den gesamten Hohlraum oberhalb der Stimmlippen bezeichnet (siehe Abbildung).

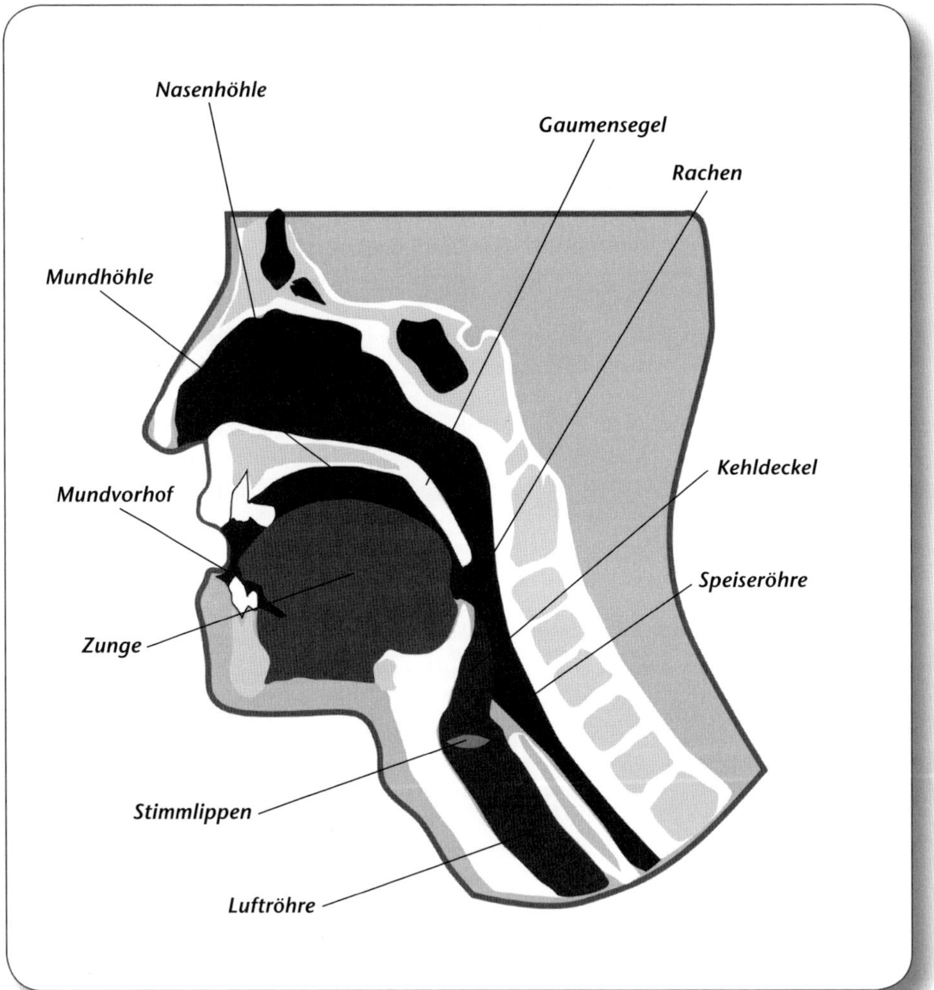

Ansatzrohr

Dieser Hohlraum besteht aus mittlerem und oberem Kehlraum, Rachen, Mundhöhle, Mundvorhof und Nasenhöhle. Die Vielfalt der einzelnen Laute entsteht durch die verschiedenen Stellungen der beteiligten Organteile zueinander. Bei der Lautbildung spielen vor allem die **aktiven (beweglichen) Artikulationsorgane**, wie Lippen, Unterkiefer, Zunge und Gaumensegel, eine wesentliche Rolle. Sie können durch differenzierte und koordinierte Bewegungen und Verformungen die Größe und Form des Ansatzrohres verändern. Zu den **passiven Artikulationsorganen** zählen Zähne, Zahndamm, Gaumen, Nasenraum und Kehlkopf.

Im Allgemeinen unterscheidet man bei der artikulatorischen Beschreibung der Sprachlaute zwischen **Vokalen und Konsonanten**. Vereinfacht kann man sagen, dass die Entstehung der Vokale durch die Gestaltung von Resonanzräumen charakterisiert ist. Konsonanten entstehen durch Bildung von Hemmstellen für den Atemstrom.
Unser Sprechen ist jedoch kein Aneinanderreihen von einzelnen Stellungsphasen der Sprechorgane. Die Laute gehen vielmehr in einem Bewegungsfluss ineinander über und beeinflussen sich gegenseitig in ihrer artikulatorischen Bildung. Diesen kontinuierlichen Bewegungsablauf nennt man Koartikulation.

In engem Zusammenhang mit der Artikulation steht die „korrekte" Aussprache. Für bestimmte Berufsgruppen (z.B. Lehrer, Schauspieler, Nachrichtensprecher) ist die so genannte **Standardaussprache** von großer Bedeutung. In anderen Berufen hängt es davon ab, wie sehr in der Öffentlichkeit und zu wem gesprochen wird. Die Aussprache sollte demnach der Situation, der Zuhörerschaft und dem Anlass angepasst werden. Ein Politiker wird auf der Geburtstagsfeier seiner Mutter seine Ansprache artikulatorisch sicherlich anders gestalten als im Bundestag. Es gibt in verschiedenen Situationen eine angemessene und eine unangemessene Aussprache. Unpassend erscheint es beispielsweise, wenn ein Lehrer seinen Schülern den „Zauberlehrling" von Goethe auf Sächsisch vorträgt. Ebenso unpassend ist es, mit der Verkäuferin in der Bäckerei in Hochlautung zu sprechen, wenn man sich mit dieser schon jahrelang im Dialekt unterhält.
Für Sie als Lehrer ist eine saubere Aussprache vor allem wichtig, um verstanden zu werden.

Sie kann aber auch dazu genutzt werden, um Wichtiges sprecherisch zu betonen und somit für die Zuhörer interessanter zu machen.
Mit den folgenden Übungen können Sie die Beweglichkeit Ihrer Artikulationsorgane trainieren. Die Artikulationsorgane werden gelockert, und Ihr Sprechen wird dadurch deutlicher und präziser.

Lockerung der Artikulationsorgane

Probieren Sie diese Übungen einmal aus. Zum **regelmäßigen Üben** können Sie sich **zwei bis drei aussuchen**, die Ihnen liegen.

Gesicht und Hals ausstreichen

Legen Sie Ihre Hände auf den Kopf. Geben Sie nun der Schwere der Hände nach, und lassen Sie Ihre Hände am Kopf über die Ohren und Wangen bis hin zum Hals gleiten. Wiederholen Sie diese Übung einige Male.

Gesichtshaut abzupfen

Zupfen Sie Ihre Gesichtshaut ca. 30 Sekunden mit Daumen und Zeigefinger ab.

Gähnen

Gähnen Sie herzhaft mit offenem und geschlossenem Mund. Der Rachen- und der Kehlresonanzraum werden beim Gähnen geweitet und der Kehlkopf in die Tiefe gezogen (s. S. 56).

Lippenflattern

Legen Sie die Lippen locker aufeinander, und lassen Sie Luft hindurchströmen. Die Lippen beginnen, zu flattern. Die Vorstellung eines schnaubenden Pferdes kann Ihnen dabei helfen. Sie können diese Übung auch variieren, indem Sie Ihre Stimme einsetzen. Das Flattern hört sich nun an wie ein fahrendes Auto (s. S. 57).

Grimassen schneiden

Verziehen Sie Ihr Gesicht nach allen Regeln der Kunst. Schauen Sie traurig, fröhlich, verärgert … Sie können die unterschiedlichen Emotionen sehr übertrieben darstellen. Wichtig ist, dass Sie Ihr Gesicht danach wieder entspannen.

Erschrecken

Ziehen Sie Ihre Gesichtsmuskeln ganz eng zusammen (Augen zusammenkneifen, Nase rümpfen, Stirn in Falten legen, Mund spitzen). Halten Sie diese Position einige Sekunden. Stellen Sie sich nun vor, Sie wollen jemanden erschrecken. Dazu reißen Sie die Augen weit auf, öffnen den Mund und strecken mit einem *bäh* die Zunge heraus. Achten Sie darauf, dass Sie den Kopf bei dieser Übung nicht verspannt nach vorne schieben, sondern ihn ganz locker in einer aufrechten Position belassen. Entspannen Sie nach dem „Erschrecken" Ihr Gesicht, indem Sie sich vorstellen, kurz vor dem Einschlafen zu sein.

Schnute ziehen

Ziehen Sie Ihre Lippen erst breit, und spitzen Sie sie dann zu einer Schnute. Wiederholen Sie diese Übung einige Male.

Lockerungsübungen für die Zunge

(alle Übungen ca. 30 Sekunden durchführen)

- Putzen Sie mit der Zunge Ihre Zähne.
- Schieben Sie Ihre Zunge abwechselnd in die linke und rechte Backentasche.
- Werfen Sie Ihre Zunge so schnell wie möglich abwechselnd in den linken und rechten Mundwinkel.
- Rollen Sie Ihre Zunge ein und wieder aus.

Geläufigkeits- und Ausspracheübungen

Zungenbrecher

Eine altbewährte Artikulationsübung ist das schnelle Sprechen von Zungenbrechern. Das Prinzip vieler Zungenbrecher besteht darin, dass die **Artikulationsstellen** der einzelnen Worte **weit auseinanderliegen** und die Artikulationsorgane beim Sprechen „weite Wege" zurücklegen müssen. Sprechen Sie die aufgelisteten Zungenbrecher erst langsam. Steigern Sie nach und nach das Tempo und die Zahl der Wiederholungen hintereinander.

- *Wenn der Benz bremst, brennt das Bremslicht des Benz; des Benzens Bremslicht brennt, wenn der Benz bremst.*
- *Wer gegen Aluminium minimal immun ist, besitzt Aluminium-Minimal-Immunität, Aluminium-Minimal-Immunität besitzt, wer minimal gegen Aluminium immun ist.*
- *Der Flugplatzspatz nahm auf dem Blatt Platz, auf dem Blatt nahm der Flugplatzspatz Platz.*
- *Großstaubschutzmaskensets sind Schutzsets mit Großstaubschutzmasken zum Schmutzschutz.*
- *Zwanzig zerquetschte Zwetschgen und zwanzig zerquetschte Zwetschgen sind vierzig zerquetschte Zwetschgen.*
- *Schmalspurbahnschienen sind schmaler als Breitspurbahnschienen.*
- *Braunschweiger Bierbrauerburschen brauen brausiges Braunschweiger Braunbier.*
- *Ein Student in Stulpenstiefeln stand auf einem spitzen Stein und starrte stundenlang die stillen, stummen Sterne an.*
- *Zum Scherz schützt Schusters Schatz schäbige Schillingscheine in der Scheune.*
- *Messwechsel, Wachsmaske, Wachsmaske, Messwechsel.*
- *Eine Diplombibliothekarin ist eine Bibliothekarin mit Diplom, eine Bibliothekarin mit Diplom ist eine Diplombibliothekarin.*

Der Tröpfelsuppenautomat

Stellen Sie sich vor, Sie sind ein Erfinder und haben in den letzten Jahren viele verrückte Dinge erfunden. Ihre Erfindungen werden nun in einer Ausstellung zum ersten Mal der Öffentlichkeit präsentiert. Bei der Eröffnung der Ausstellung machen Sie eine Führung mit den Gästen, in der Sie Ihre Erfindungen vorstellen und erklären. Da die Erfindungen namentlich noch nicht bekannt sind, müssen Sie diese besonders deutlich aussprechen. Laufen Sie bei dieser Übung durch den Raum, und stellen Sie Ihre Produkte einem imaginären Publikum vor. Führen Sie jeden Produktnamen mit einer kleinen Einleitung wie „Zu Ihrer Linken sehen Sie …“, „auf dem roten Podest steht …“ etc. ein.

- *Nudelmikroskop*
- *Einsteinbatterie*
- *Spagettitrenner*
- *Rechtschreibkompass*
- *Pferdekarussell*
- *Schlamasselabwehrsystem*
- *Automatischer Frühstückszubereiter*
- *Rundzahnschleifer*
- *Sternenstaubrakete*
- *Plüschohrfahrgestell*
- *Tröpfelsuppenautomat*
- *Stuhlrückquietschkompensator*
- *Kartoffelpufferisolierer*
- *Antihautspanndestillierer*
- *Apfelmusquirlapparat*
- *Flaschenfliegenfänger*
- *Tanzbeschleunigungskissen*
- *Elektronenfeldstabilisator*

Einen Text übertrieben deutlich sprechen

Versuchen Sie, die nachfolgenden Texte so deutlich wie möglich laut zu lesen. Stellen Sie sich dabei vor, Sie sind ein Nachrichtensprecher, der die neuesten Meldungen des Tages verliest.

Der deutsche Schauspieler Herbert von der Köhl hat am vergangenen Montag seinen 75. Geburtstag gefeiert. Dazu veranstaltete der einstige Frauenschwarm eine glamouröse Party, zu der über 800 Gäste geladen waren. Von der Köhl galt in den 1960er-Jahren als absolutes Teenager-Idol in Deutschland. Berühmt wurde er vor allem durch die Fernsehserie „Ab durch die Prärie", in der er den charmanten Außenseiter Bruno verkörperte. Von der Köhl sagte in einem Interview, er denke über einen dreiteiligen Film zur Fernsehserie nach, in dem Bruno nun endlich unter die Haube kommt. Erste Gespräche mit dem Regisseur Franz Dahl seien bereits gelaufen.

Acht Jugendliche haben am vergangenen Wochenende in Hamburg den Weltrekord im Puddingessen aufgestellt. Insgesamt verspeisten die jungen Erwachsenen innerhalb von nur einer Stunde 100 Liter Schokoladenpudding. Vier der acht Jugendlichen mussten danach ins Krankenhaus eingeliefert werden, da sich ihr Bauchumfang um 80 Prozent vergrößert hatte. Dennoch ernteten die motivierten Jugendlichen tosenden Applaus. Für das kommende Jahr ist ein weiterer Weltrekord geplant: Die Jugendlichen, die sich unter dem Namen „Puddy" zusammengeschlossen haben, wollen innerhalb von 30 Minuten 100 Liter Wackelpudding verspeisen. Ein genauer Termin für diesen Weltrekordversuch steht allerdings noch nicht fest.

Da staunten die Trierer Bürger und Touristen nicht schlecht, als am vergangenen Freitag knapp 400 mit Klopapier umwickelte Menschen die Innenstadt stürmten. Sinn und Zweck dieser Veranstaltung ist bis heute nicht ganz klar. Ein Reporter der Trierer Tageszeitung schaffte es jedoch, einen Teilnehmer zu interviewen. Doch statt einer Antwort erntete der verdutzte Reporter nur einen Lachanfall nahezu hysterischen Ausmaßes.
Im Laufe des Tages stellte sich heraus, dass die Klopapierrollen aus öffentlichen Toiletten in der Trierer Innenstadt entwendet wurden. Statt Klopapier steckten auf allen Haltern weiße Tennissocken. Die Trierer Oberstaatsanwaltschaft vermutet hinter dem Klopapieranschlag einen Streit zwischen dem Tennisclub „Schlag den Ball" und dem Trierer Stadtrat. Der Stadtrat hatte dem Tennisverein feste Spielzeiten auferlegt. Die Tennisfreunde dürfen ab dem 1.12. nur noch zwischen 13 und 15 Uhr Tennis spielen.

Im Süden Spaniens wurde eine neue und ausgesprochen bizarre Tierart entdeckt. Das Tier trägt den deutschen Namen „Holpriger Tatzenlurch". Entdeckt wurde das Tier bei einer Expedition in einem andalusischen Tomatenfeld von einer Gruppe tanzender Bauern, die ein lokales Fest feierten. Seinen außergewöhnlichen Namen erhielt das Tier auf Grund seiner auffallenden Fortbewegungsart: Der holprige Tatzenlurch hat nämlich vier ungleiche Beine. Das vordere rechte Bein ähnelt einem Katzenbein, das vordere linke Bein dem einer Eidechse. Die beiden hinteren Beine gleichen denen einer Heuschrecke. Da es für das Tier sehr schwierig ist, sich gleichmäßig fortzubewegen, wechselt es etwa alle 5 Minuten die Fortbewegungsart. Der holprige Tatzenlurch ist ca. 10 cm lang und 3 cm hoch. Biologen vermuten jedoch, dass das Tier eine Größe von bis zu 30 cm erlangen kann.

Artikulationsreihen

Sprechen Sie die folgenden Artikulationsreihen fehlerfrei so schnell wie möglich. Beginnen Sie erst mit einem für Sie angenehmen Tempo, und steigern Sie das Tempo nach und nach.

- *wil – wel – wal – wol – wul – wöl – wül*
- *bil – bel – bal – bol – bul – böl – bül*
- *mis – mes – mas – mos – mus – mös – müs*
- *klip – klep – klap – klop – klup – klöp – klüp*
- *blip – blep – blap – blop – blup – blöp – blüp*
- *gik – gek – gak – gok – guk – gök – gük*
- *sim – sem – sam – som – sum – söm – süm*
- *dim – dem – dam – dom – dum – döm – düm*
- *flip – flep – flap – flop – flup – flöp – flüp*
- *lik – lek – lak – lok – luk – lök – lük*
- *nim – nem – nam – nom – num – nöm – nüm*
- *trim – trem – tram – trom – trum – tröm – trüm*
- *pim – pem – pam – pom – pum – pöm – püm*
- *mil – mel – mal – mol – mul – möl – mül*

Die korrekte Aussprache

Bei den Begriffen „Sprechbildung" oder „Sprecherziehung" denken die meisten Menschen an die „korrekte" Aussprache von Wörtern. Die Aussprache von Wörtern ist allerdings nur ein **Teilgebiet der Sprecherziehung**. Dennoch kann es in Ihrem Beruf als Lehrer wichtig sein, die korrekte Aussprache zu kennen.

Jede Person befindet sich immer wieder in unterschiedlichen Gesprächssituationen. So verwenden bestimmt auch Sie je nach Gesprächsthema, Gesprächspartner und Gesprächsziel **unterschiedliche Sprechweisen**.

Bei einer öffentlichen Situation, wie z.B. der Kommunikation in der Klasse, ist es wichtig, eine Sprechweise zu verwenden, die für alle gut verständlich ist und bei der beispielsweise auf Dialektwörter verzichtet wird. Die Kommunikation in einer privaten Situation, beispielsweise mit dem Ehepartner, verlangt hingegen oftmals dialektale Ausdrücke oder privatsprachliche Ausdrücke, damit das Gesagte vom Gesprächspartner verstanden wird. Es gibt also in verschiedenen Situationen eine angemessene und eine unangemessene Sprechweise.

Mit dem Erscheinen des ersten Duden (1880) wurde die **Standardisierung der deutschen Schriftsprache** erstmals offiziell geregelt. Erst Ende des 19. Jahrhunderts konnte man sich mit Theodor Siebs Wörterbuch „Deutsche Bühnenaussprache" auf eine einheitliche **Aussprachenorm** einigen. Heute wird meist das Duden-Aussprachewörterbuch als Nachschlagewerk für die korrekte Aussprache von Wörtern herangezogen.

Das Problem bei der Aussprache ist oftmals, dass die deutsche **Schriftsprache der Aussprache nicht immer entspricht**. So wird das Wort *König* beispielsweise nicht – wie fälschlicherweise häufig – *Könik* ausgesprochen, sondern *Könich*. Ein anderes Beispiel ist das Wort *Lob*. Am Ende wird kein *b*, sondern ein *p* gesprochen.

Für den Schulalltag bedeutet dies nicht, dass Sie alle Wörter wie ein Bühnenschauspieler oder ein Nachrichtensprecher aussprechen müssen. Jedoch ist es gerade in der Schule, wo es um die Vermittlung von Inhalten geht, wichtig, dass das Gesagte beim Zuhörer korrekt ankommt.

Versuchen Sie deshalb, Ihre Sprechweise der jeweiligen Situation anzupassen, sodass **Verständigung** möglich wird.

6

Sprechausdruck

Was versteht man unter Sprechausdruck?

Versetzen Sie sich noch einmal in Ihre eigene Schulzeit. Den Unterricht welcher Lehrer fanden Sie besonders interessant und spannend? Die Inhalte welcher Unterrichtsstunden konnten Sie sich besonders gut einprägen?
Ich gehe davon aus, dass Sie jetzt nicht an Lehrer denken, die einen trockenen Vortrag hielten und mit monotoner Stimme ihren Unterrichtsstoff vortrugen. Sie werden wahrscheinlich auch keinen Lehrer vor Augen haben, der wie ein Clown im Klassenzimmer umhergesprungen ist und beispielsweise mit übertriebenen Betonungen eher verwirrt und genervt als belustigt hat.

Sie haben vielleicht gemerkt, worauf ich hinausmöchte: Unsere **Stimme** dient nicht nur der Verständigung, sondern ist in jedem Fall auch **ein Ausdrucksmittel**, mit dem wir die Möglichkeit haben, in den verschiedensten Situationen stimmlich zu reagieren und die unterschiedlichen Facetten unserer Stimme **gezielt einzusetzen**, z.B. um bestimmte Inhalte zu betonen oder Emotionen zu zeigen.

Menschen kommunizieren nicht im luftleeren Raum, sondern in konkreten Situationen. Auch der Unterricht ist eine konkrete Situation und steht in einem situativen Kontext. Dabei ist jede Situation einmalig.

Damit Verständigung gelingen kann, müssen unterschiedliche **Faktoren der Sprechsituation** berücksichtigt werden:

- Als **wer** spreche ich (Überlegungen zu meiner Person, meiner Funktion ...)?
- **Zu wem** spreche ich? Wer sind meine Adressaten (ihr Kenntnisstand, ihre Interessen, Erwartungen ...)?
- **Worüber** spreche ich? Was ist das Thema meiner Rede/des Gesprächs?
- **Wann** spreche ich (bezogen auf das subjektive Zeitempfinden, aber auch auf die politische Zeit) ?
- **Wo** spreche ich (Raumgröße, Raumakustik ...)?
- **Warum** spreche ich (Redeanlass, Motivation ...)?
- **Wozu** spreche ich? (Welches Ziel verfolge ich? Informieren, überzeugen, unterhalten, ...?)

Diese Faktoren bestimmen mit, **was** ich sage und **wie** ich es sage. Das Was bezieht sich dabei auf den Inhalt und den Sprachstil (Fremd- oder Fachwörter, Satzbau, Satzlänge etc.), das Wie auf den Körperausdruck und den Sprechstil (z.B. Lautstärke, Betonungen, Pausen).

Für Sie als Lehrer, der in einer ganz bestimmten Situation spricht, ist es wichtig und sinnvoll, dass Sie ein gewisses **Repertoire an Stimmausdrücken** beherrschen und Ihre Stimme gezielt einsetzen können – zum einen aus dem Grund, weil Sie die Schüler nicht langweilen wollen. Zum anderen ist Ihr Ziel, den Schülern das Lernen und Behalten zu erleichtern. Dies heißt natürlich nicht, dass auf Grund Ihrer Stimmvielfalt der Inhalt in den Hintergrund treten soll. Zudem ist ein angemessener Sprechausdruck auch keine Garantie für einen gelungenen Unterricht. Aber Sie können zumindest auf Grund Ihres Stimmverhaltens den Unterricht interessanter gestalten und Inhalte für die Schüler teilweise auch strukturieren.

Übungen zum Sprechausdruck

Dadaismus-Gedichte mit Gefühl PA

Für die nächste Übung brauchen Sie einen Partner, der Ihnen ein Feedback gibt. Es besteht aber auch die Möglichkeit, die Übung aufzuzeichnen und sie sich zur Kontrolle des Sprecheindrucks noch einmal anzuhören. Ziel dieser Übung ist es, die eigene Stimme in unterschiedlichen Emotionslagen kennenzulernen und in diesem Zusammenhang die Merkmale einer fröhlichen, traurigen, genervten … Stimme zu erarbeiten.

Suchen Sie sich für die Übung eines der auf den Folgeseiten abgedruckten Dadaismus-Gedichte aus. Versuchen Sie nun, das Gedicht in einer der vorgeschlagenen Emotionen zu sprechen. Es ist sinnvoll, das Gefühl sehr übertrieben darzustellen, damit die Emotion klar erkennbar ist.
Ihr Partner hat die Aufgabe, zu raten, um welches Gefühl es sich handelt. Fragen Sie ihn, woran er es erkannt hat.
Wenn Sie Ihre Sprechfassung auf Tonband aufgenommen haben, können Sie auch selbst die stimmlichen Merkmale unterschiedlicher Emotionen herausarbeiten.
Natürlich ist es auch möglich, Ihren Partner sprecherisch mit in die Übung zu integrieren.

Achtung: Es kommt nicht darauf an, den Text richtig auszusprechen, wichtig ist die Emotion.

ängstlich
traurig
verliebt
geheimnisvoll
genervt
aggressiv
fröhlich
wütend
ironisch
ernst
gelangweilt
aufgeregt
angeekelt

Karawane

– Hugo Ball –

jolifanto bambla ô falli bambla
grossiga m'pfa habla horem
égiga goramen
higo bloiko russula huju
hollaka hollala
anlogo bung
blago bung
blago bung
bosso fataka
ü üü ü
schampa wulla wussa ólobo
hej tatta gôrem
eschige zunbada
wulubu ssubudu uluwu ssubudu
tumba ba- umf
kusagauma
ba - umf

Seepferdchen und Flugfische

– Hugo Ball –

tressli bessli nebogen leila
flusch kata
ballubasch
zack hitti zopp

zack hitti zopp
hitti betzli betzli
prusch kata
ballubasch
fasch kitti bimm

zitti kitillabi billabi billabi
zikko di zakkobam
fisch kitti bisch

bumbalo bumbalo bumbalo bambo
zitti kitillabi
zack hitti zopp

treßli beßli nebogen grügrü
blaulala violabimini bisch
violabimini bimini bimini
fusch kata
ballubasch
zick hiti zopp

Das große Lalula
– Christian Morgenstern –

Kroklokwafzi? Semememi!
Seiokrontro - prafriplo:
Bifzi, bafzi; hulalemi:
quasti basti bo …
Lalu lalu lalu lalu la!

Hontraruru miromente
zasku zes rü rü?
Entepente, leiolente
klekwapufzi lü?
Lalu lalu lalu lalu la!

Simarar kos malzipempu
silzuzankunkrei (;)!
Marjomar dos: Quempu Lempu
Siri Suri Sei []!
Lalu lalu lalu lalu la!

Sprecherische Ausdrucksmittel gegensätzlich einsetzen

Lesen Sie den folgenden Text in gegensätzlichen Sprechfassungen. Verwenden Sie dazu die Gegensatzpaare auf der Folgeseite. Sie werden merken, dass sich derselbe Text immer unterschiedlich anhört.
Damit Sie ein Bewusstsein für die unterschiedlichen Facetten Ihrer Stimme bekommen, sollten Sie die stimmlichen Ausdrucksmittel übertrieben einsetzen.

Sprecherische Ausdrucksmittel

- laut – leise
- schnell – langsam
- betont – monoton
- deutlich – genuschelt
- viele Pausen – wenige Pausen

Witzige Antwort eines Fuhrmanns

– Friedrich Nicolai –

Ein Fuhrmann kam auf öffentlicher Straße der Karosse eines Bischofs in den Weg. Der Kutscher rief dem Fuhrmann zu, daß er auf die Seite fahren solle, und schimpfte und drohte ihm, aber dieser wich nicht einen Schritt und blieb ihm nichts schuldig.
Der Prälat steckte endlich den Kopf heraus, und da er einen großen starken Kerl vor sich sah, sagte er zu ihm: „Mein Freund, Ihr sehet mir aus, als ob Ihr mehr gegessen und getrunken als gelernet hättet."
„Das kann wohl sein", antwortete er, „denn Essen und Trinken geben wir uns selbst, und den Unterricht geben uns die Herren Geistlichen."

Im Programm zappen PA

Für die folgende Übung brauchen Sie einen Partner, der die Übung mit Ihnen durchführt und Ihnen danach eine Rückmeldung gibt.

Kopieren Sie die Karten mit Sprechstilen und Körperausdrücken auf Seite 91 groß und deutlich. Sie können sie auch auf Kartei- oder Moderationskarten schreiben (pro Karte ein Ausdruck):

Stellen Sie sich in die Mitte des Raumes. Suchen Sie sich nun eines der unten stehenden Wortpaare aus, und versuchen Sie, diese in eine Nonsensrede oder -geschichte einzubauen. Die Geschichte muss nicht wahr sein, Sie dürfen Ihrer Fantasie dabei freien Lauf lassen. Es geht hauptsächlich darum, dass Sie ca. 1–2 Minuten am Stück sprechen.

Ihr Partner sitzt ca. 3–5 m vor Ihnen auf einem Stuhl. In der Hand hat er die „Fernbedienung", nämlich die Karten mit den Sprechstilen und Körperausdrücken. Er kann sich nun durch das Programm „zappen" und sich aussuchen, was er sehen und hören möchte. Dazu hält er eine der Karten hoch, sodass Sie seine Wahl sehen können.

Ihre Aufgabe ist es nun, so lange in dem entsprechenden „Programm" (also dem entsprechenden Sprechstil bzw. der entsprechenden Körperhaltung) zu sprechen, wie ihr Partner die Karte hochhält.

Wörter:

- *Giraffe – Telefon*
- *Gießkanne – Kuss*
- *Schuhe – Blumentopf*
- *Bettdecke – Schnee*
- *Wasserhahn – Marmelade*
- *Tennissocken – Staubsauger*
- *Klavier – Fingerhut*
- *Cowboy – Flugzeug*
- *Bienenstock – Kaffeemaschine*

Wenn Sie die Möglichkeit haben, Aufnahmen von der Übung zu machen, können Sie dies natürlich tun.

Sprechen Sie nach der Übung mit Ihrem Partner über die unterschiedlichen Sprechstile und Körperhaltungen. Wie hat es auf ihn gewirkt, wenn Sie z.B. keinen Blickkontakt gehalten oder sehr laut gesprochen haben?

langsam	*schnell*	*laut*
leise	*flüstern*	*hoch*
tief	*viele Betonungen*	*übertriebene Gestik*
übertrieben deutlich	*abgehackt*	*Dialekt*
schlechte Haltung	*kein Blickkontakt*	*viele Pausen*

Radiowerbung

Stellen Sie sich vor, Sie sollen die folgenden Radio-Werbejingles in einem Tonstudio einsprechen.
Überlegen Sie vorher, was das Besondere an einem Werbespot im Radio ist, oder hören Sie sich einige Werbespots im Radio an.

Sprechen Sie dann die nachfolgenden Werbetexte so, dass Sie beim Zuhörer einen bleibenden Eindruck hinterlassen.
Um dem Zuhörer das Produkt schmackhaft zu machen, dürfen Sie gerne übertreiben.

Werbejingles:

- *Brandenburger Versicherungen*
  Ihr Vertrauen – unsere Verantwortung
- *Fahrspaß für bessere Zeiten – Fahrtwind, Ihr Zweiradpartner*
- *Sanifresh – Hygienische Frische im ganzen Haus*
  Jetzt neu: das Sanifresh WC-Spray
- *Nussia zum Selberbacken – der Kuchen mit Gelinggarantie*
- *Endenich – der Suuupermarkt mit Supermarken*
  Auch in Ihrer Nähe
- *Race – die Pflegeserie für den Mann mit Q10 und Vitamin C*
  Racing Power für die Haut
- *Petits Choclés*
  10 zartschmelzende Pralinés – 10 Verwöhnmomente
- *Sonnenalpe – die Streichcreme aus weidefrischer Milch*
  Jetzt auch als Sonnenalpe Bergkräuter und Sonnenalpe Rucola!

7 Stimmhygiene

Warum Stimmhygiene?

„Hygiene" kommt vom griechischen Wort „Hygieinos" und bedeutet soviel wie „der Gesundheit zuträglich" oder „heilsam".
Körperhygiene ist für uns alltäglich: Wir duschen, baden, waschen uns, putzen uns die Zähne, tragen saubere Kleidung und ernähren uns gesund. Die Hygiene in Bezug auf die Stimme wird dabei häufig vergessen.

Unsere Stimme ist täglich einer **Vielzahl von Einflüssen** ausgesetzt. Vor allem Sie als Lehrer finden sich immer wieder in Situationen, in denen Ihre Stimme überdurchschnittlich beansprucht wird. Umso wichtiger ist es, für die Gesunderhaltung Ihrer Stimme zu sorgen.

Daher ist das nächste Kapitel der Stimmhygiene gewidmet. Es beschäftigt sich mit der Prophylaxe zur **Gesunderhaltung** der Stimme und mit **Maßnahmen**, die **im Akutfall** (z.B. bei Überbelastung oder Erkältungen) getroffen werden sollten.
Es soll in diesem Kapitel nicht der Eindruck entstehen, Sie müssten auf alles Mögliche verzichten. Es sollen lediglich Hinweise gegeben und Möglichkeiten aufgezählt werden, die zur Gesunderhaltung Ihrer Stimme beitragen. Jede Stimme ist individuell und reagiert anders auf Einflüsse. Letztendlich sollten Sie selbst prüfen, wofür Ihre Stimme anfällig ist, was Ihrer Stimme schadet und was ihr guttut.

Praktische Tipps zur Stimmhygiene

Hinweise zur Lebensweise

- Achten Sie auf einen **ausgewogenen Lebensrhythmus** und einen gesunden Lebensstil (Rauchen vermeiden, wenig Alkohol, frische Luft, genügend Schlaf, Stressvermeidung, wo möglich).

Hinweise zur Haltung und Atmung

- Achten Sie auf eine **aufrechte Haltung**, sodass Sie frei atmen können.
- Verzichten Sie auf einengende Kleidung (z.B. Korsagen oder enge Gürtel), die ein **freies Atmen** behindert.
- Halten Sie sich so oft wie möglich an der **frischen Luft** auf.
- **Vermeiden Sie verrauchte Räume** und Orte mit starker Luftverschmutzung (z.B. durch Staub oder Abgase).
- Klimatisierte Räume rufen bei vielen Menschen Halsschmerzen hervor. Vermeiden Sie diese, wenn möglich, bzw. achten Sie darauf, dass Sie die **Klimaanlage** (z.B. im Auto) nicht zu kühl stellen. Große Temperaturunterschiede können leicht zu Erkältungen führen.
- Bevorzugen Sie, wenn möglich, die **Atmung durch die Nase**. Die Nasenatmung ist die hygienischere Form der Atmung, da im Gegensatz zur Mundatmung die Luft gereinigt, erwärmt und angefeuchtet wird.
  In der Ruheatmung benutzen wir meist automatisch die Nasenatmung. Die Sprechatmung erfolgt häufiger durch den Mund, da hier schneller eingeatmet werden muss. Bei der Mundatmung gelangt die kalte, ungereinigte Luft direkt auf die Stimmlippen, was schneller zu Reizungen der Stimmlippen führen kann. Versuchen Sie deshalb beim Sprechen, in Pausen die Nasenatmung anzuwenden.
- Vermeiden Sie vor dem Sprechen das Schnappen nach Luft. Eine **reflektorische Atemergänzung** (s. S. 40f.) ist Voraussetzung für ein ökonomisches Atmen und Sprechen.
- Achten Sie beim **Atmen** auf einen **dreiteiligen Rhythmus** (Einatmung, Ausatmung, Pause).

- Versuchen Sie bei der Sprechatmung, die zur Verfügung stehende **Luft effektiv einzuteilen** (atemrhythmisch angepasste Phonation nach Coblenzer/Muhar, s. S. 38ff.).

Hinweise zum Stimmgebrauch

- Achten Sie darauf, in Ihrer **physiologischen Sprechstimmlage** zu sprechen. Ein dauerhaft überhöhtes Sprechen kann zu Knötchen an den Stimmlippen führen.
- **Vermeiden Sie** zu langes **Ansprechen gegen Lärm**. Überanstrengungen können zu Schmerzen und Verspannungen im Kehlkopf führen.
- Gönnen Sie Ihrer Stimme regelmäßig **Pausen**.
- **Vermeiden Sie harte Stimmeinsätze**.
- Wärmen Sie Ihre Stimme vor längerem Sprechen mit **Stimmübungen** auf.
- Husten Sie Schleim ab, statt sich zu räuspern. Beim **Räuspern** reiben die Stimmlippen aneinander, sodass die Stimmlippen stark beansprucht werden. Zwar werden die Stimmlippen beim Husten auch belastet, dies ist aber im Vergleich zum Räuspern weniger schädlich, da die Stimmlippen nur durch einen kurzen Impuls belastet werden.
- Lassen Sie Ihre Stimme regelmäßig von einem **HNO-Arzt oder Phoniater** untersuchen. Mittels einer Stroboskopie können Aufnahmen von den Stimmlippen gemacht werden und so Beeinträchtigungen der Stimme erkannt werden.

Hinweise zur Ernährung

- **Vermeiden Sie scharfe, heiße oder sehr kalte Speisen**. Ansonsten kann es zu Reizungen der Schleimhäute bzw. zur Übersäuerung des Magens und zu Sodbrennen kommen.
- Bestimmte **Lebensmittel** sollten vor längerem Sprechen nicht verzehrt werden. Dazu gehören Milch (Schleimproduktion wird angeregt), Rotwein und Kaffee (Austrocknen der Schleimhäute) sowie Nüsse.
- **Trinken** Sie verteilt über den Tag mindestens 2 Liter Wasser. Dadurch werden die Schleimhäute feucht gehalten.

Was ist zu tun bei Erkältungen?

- Grundsätzlich ist bei Halsschmerzen und Heiserkeit **Stimmruhe** die beste Schonung für die Stimme.
- Halten Sie die Halspartie mit einem **Schal** warm, und vermeiden Sie Sprechen an der kalten Luft.
- Trinken Sie viel **Wasser**, um die Schleimhäute zu befeuchten.
- **Verzichten Sie auf zu scharfe Halsbonbons**. Sie reizen die Stimmlippen und trocknen sie aus.
- **Vermeiden Sie Flüstern**. Die meisten Menschen flüstern mit zu viel Druck, wodurch der Kehlkopf belastet wird. Flüstern ohne Druck will geübt sein. Versuchen Sie deshalb besser, wenig oder gar nicht zu sprechen.
- Bei einer Erkältung, die länger als zwei Wochen andauert, sollten Sie in jedem Fall einen **Facharzt** aufsuchen.

Hausmittel gegen Heiserkeit

Eines der häufigsten Erkältungssymptome ist die Heiserkeit. Die Stimme klingt heiser, wenn die Stimmlippen auf Grund einer Entzündung nicht mehr frei schwingen können, z.B. weil sie angeschwollen sind. Der beste Weg, die Stimme zu schonen und zu regenerieren, ist, **so wenig wie möglich zu sprechen**. Darüber hinaus gibt es einige **Hausmittel**, die größtenteils entzündungshemmend und abschwellend wirken und den Heilungsprozess vorantreiben. Sollte die Heiserkeit länger als ein bis zwei Wochen andauern, oder sollte Ihre Stimme ganz aussetzen, suchen Sie unbedingt einen HNO-Arzt auf.

Zwiebelsud

Schälen Sie 1–2 Zwiebeln, und lassen Sie diese einige Minuten in ca. 500 ml kochendem Wasser ziehen. Schütten Sie die Zwiebeln ab, und süßen Sie den Sud mit Honig. Trinken Sie über den Tag verteilt einige Tassen warmen Zwiebelsud.

Brombeersaft zum Gurgeln oder Trinken

Brombeersaft enthält spezielle Schutzstoffe, die entzündungshemmend und beruhigend wirken. Trinken oder gurgeln Sie mehrmals täglich warmen Brombeersaft in kleinen Schlucken.

Quarkwickel
Tragen Sie Quark auf ein feuchtes Tuch auf, und wickeln Sie sich dieses um den Hals. Darüber wickeln Sie nun ein trockenes Tuch. Lassen Sie den Quark über Nacht einwirken. Der Quark kühlt, lindert die Schmerzen und wirkt abschwellend.

Salbeitee
Kochen Sie aus Salbeiblättern einen Tee, und trinken Sie diesen über den Tag verteilt. Salbei wirkt desinfizierend und stärkt zugleich die natürlichen Abwehrkräfte der Atemwege.

Mit Emser Salz gurgeln
Gurgeln Sie mehrmals täglich mit einer Mischung aus 1 Teelöffel Emser Salz und einem Glas warmem Wasser. Die Schleimbeläge werden dadurch verflüssigt, und die Stimmlippen können abschwellen.

8

Stimmbildung im Schulalltag

Umsetzung der Übungen im Schulalltag

Sicherlich ist bei Ihnen die Frage aufgekommen, wie Sie die Übungen in Ihren Alltag integrieren können. In den Unterricht und die Schulzeit lassen sich die meisten Übungen nicht so einfach integrieren. Jedoch finden Sie im folgenden Abschnitt eine Möglichkeit, sich vor dem Unterricht auf ein langes Sprechen vorzubereiten und Ihre Stimme mit einfachen Übungen aufzuwärmen.
Wenn Sie die **Übungen**, die in diesem Buch beschrieben sind, **regelmäßig durchführen** und ganz **gezielt an Ihren Schwachstellen arbeiten**, werden Sie feststellen, dass Sie die Übungen automatisch und unbewusst auch in den Schulalltag integrieren.

Wie schnell Sie neue Verhaltensweisen in Ihren Alltag integrieren, ist sehr unterschiedlich. Es hängt zum einen davon ab, wie oft Sie sich mit den Übungen beschäftigen, und zum anderen davon, welche Vorerfahrungen Sie bereits mitbringen und an wie vielen Dingen Sie gleichzeitig üben.

Tägliches Üben ist ideal, oftmals aber nicht umsetzbar. Es kann hilfreich sein, wenn Sie sich **feste Zeiten** einrichten, in denen Sie z.B. Ihr Warmup oder eine bestimmte Übung machen. So wie Sie sich nach dem Essen die Zähne putzen, können Stimmbildungsübungen zum täglichen Bestandteil Ihres Alltags werden.

Im Klassenzimmer selbst kann es am Anfang passieren, dass die Dinge, die Sie sich vorgenommen haben, nicht funktionieren, weil sie im Trubel untergehen oder Ihre Konzentration für anderes notwendig ist. Schaffen Sie sich Gedächtnisstützen, die Sie daran erinnern, bestimmte Dinge einzuhalten. Das kann z.B. eine Figur auf dem Lehrerpult oder ein Schlüsselanhänger sein, der während des Unterrichts auf dem Pult liegt.

Kleines Warmup vor dem Unterricht

- Strecken und Dehnen, s.S. 19
- Schultern heben und fallen lassen, Schultern kreisen, s.S. 19
- Äpfel pflücken (Lockerung des Schultergürtels), s.S. 19
- Gliederkasper (mit und ohne Stimme), s.S. 57
- Arme und Füße ausschütteln, s.S. 20
- Rücken ausklopfen/ausstreichen (Partnerübung): locker aus dem Handgelenk klopfen, nicht auf der Wirbelsäule!, s.S. 20
- Gesicht, Hals und Nacken ausstreichen, s.S. 75
- Gesichtshaut abzupfen, s.S. 75
- Lippen breit ziehen, dann spitzen (Schnute ziehen), s.S. 76
- Erschrecken: Gesicht zusammenziehen, dann alles weit aufreißen (*bäh*), s.S. 76
- Mit der Zunge die Zähne putzen, s.S. 76
- Mit der Zunge abwechselnd in die linke und rechte Backentasche, s.S. 76
- Gähnübung, s.S. 56
- Lippenflattern (*brrrr*) ohne und mit Stimme, s.S. 57
- Indifferenzlage finden: Kauübung nach Fröschels, s.S. 54

Quellen und Literaturtipps

Aderhold, Egon; Wolf, Edith:
Sprecherzieherisches Übungsbuch.
Henschel: Berlin, 2001.
ISBN 978-3-89487-035-5

Bernhard, Barbara Maria:
Sprechen im Beruf.
Der wirksame Einsatz der Stimme.
öbv & hpt: Wien, 2003.
ISBN 978-3-7074-0705-1

Böpple, Gerlinde:
Pocket-Ratgeber Schule:
Antistress-Training für Lehrer.
Verlag an der Ruhr: Mülheim, 2010.
ISBN 978-3-8346-0690-7

Cecil, Nancy Lee:
Mit guten Fragen lernt man besser.
Die besten Fragetechniken für den Unterricht.
Kl. 1–7. Verlag an der Ruhr: Mülheim, 2008.
ISBN 978-3-8346-0382-1

Coblenzer, Horst; Muhar, Franz:
Atem und Stimme. Anleitung zum guten Sprechen. 19. Auflage.
öbv & hpt: Wien, 2002.
ISBN 978-3-215-02040-7

Cowley, Sue:
Wie Sie Ihre Pappenheimer im Griff haben.
Verhaltensmanagement in der Klasse.
Alle Schulstufen.
Verlag an der Ruhr: Mülheim, 2010.
ISBN 978-3-8346-0756-0

Fiukowski, Heinz:
Sprecherzieherisches Elementarbuch.
8. Auflage.
Niemeyer/de Gruyter: Tübingen, 2010.
ISBN 978-3-11-023373-5

Geißner, Hellmut:
Sprecherziehung. Didaktik und Methodik der mündlichen Kommunikation.
Scriptor: Königstein/Ts., 1982.

Geißner, Hellmut:
Kommunikationspädagogik. Transformationen der ‚Sprech'-Erziehung.
Röhrig: St. Ingbert, 2000.
ISBN 978-3-86110-244-1

Gundermann, Horst:
Phänomen Stimme.
Reinhardt: München, Basel, 2001.
ISBN 978-3-497-01339-5

Habermann, Günther:
Stimme und Sprache. Eine Einführung in ihre Physiologie und Hygiene.
Für Ärzte, Sänger, Pädagogen und andere Sprechberufe.
4., unveränderte Auflage.
Thieme: Stuttgart, New York, 2003.

Linklater, Kristin:
Die persönliche Stimme entwickeln.
Ein ganzheitliches Übungsprogramm zur Befreiung der Stimme. 3. Auflage.
Reinhardt: München, Basel, 2005.
ISBN 978-3-497-01743-0

Lütge, Jessica:
Relax! Entspannt Lehrer sein.
Alle Schulstufen.
Verlag an der Ruhr: Mülheim, 2009.
ISBN 978-3-8346-0544-3

Marquard, Annette:
Vocal Practice. Stimmbildung für Sänger und Sprecher. 2. Auflage.
PPV MEDIEN: Bergkirchen, 2007.
ISBN 978-3-937841-58-8

Mathelitsch, Leopold; Friedrich, Gerhard:
Die Stimme. Instrument für Sprache, Gesang und Gefühl.
öbv & hpt: Wien, 2000.

Pabst-Weinschenk, Marita (Hg.):
Grundlagen der Sprechwissenschaft und Sprecherziehung.
2., überarb. Auflage. Reinhardt: München, 2011. ISBN 978-3-8252-8294-3

Petermann, Franz; Vaitl, Dieter (Hg.):
Entspannungsverfahren.
Das Praxishandbuch. 4., überarb. Auflage.
Beltz Psychologie Verlags Union: Weinheim, 2009.
ISBN 978-3-621-27642-9

Werner, Kristin:
Sprechbildung. Ein Übungsbuch.
öbv: Wien, 1998.
ISBN 978-3-7074-0700-6

Hörtipps

Bei Fantasiereisen, geführten Meditationen und Progressiver Muskelentspannung empfiehlt es sich, vorab einmal hineinzuhören, ob Ihnen Sprech- und Musikstil, Tempo etc. zusagen.
Zu allen genannten Titeln finden Sie Hörproben im Internet.

Friesen, Julija:
In den Wogen der Natur: Sieben geführte Meditationen für zu Hause, im Büro oder unterwegs.
jumedita-Verlag, 2010. ASIN B003618QK6

Garattoni, Jean-Pierre:
Focus Gesundheit: Entspannung nach der Jacobson Methode.
Edel, 2010. ASIN B00378JNH8

Kos, Hildegard; Stein, Arnd:
Progressive Muskelentspannung nach Jacobson.
Verlag für Therapeutische Medien, 2001. ASIN B00005QHWE

Mayer, Karl C.; Böhm, Rainer (Sprecher):
Entspannungstraining nach Jacobson – Progressive Muskelentspannung mit Entspannungsmusik.
Media Sound Art, 2006. ASIN B000GH3DCE

Müller, Else:
Der Wind bringt mir die Träume zurück. Phantasiereisen, Märchen und Meditationen mit Musik.
Kösel Audio, 2008.
ISBN 978-3-466-45822-6

Müller, Else:
Du spürst unter deinen Füßen das Gras. Autogenes Training mit Phantasiereisen und Musik.
Kösel Audio, 1995.
ISBN 978-3-466-45447-1

Internetquellen und -tipps

www.aap-online.com
Internationale Vereinigung für Atemrhythmisch Angepasste Phonation mit Seminarangeboten und Informationen.

www.apotheken-umschau.de/Entspannung/Video-Progressive-Muskelentspannung--Grunduebungen-zum-Nachmachen-31648.html
Videos zum Erlernen der Progressiven Muskelentspannung.

www.dgss.de
Deutsche Gesellschaft für Sprechwissenschaft und Sprecherziehung.

www.dgs-ev.de
Deutsche Gesellschaft für Sprachheilpädagogik e. V. mit Informationen und Lexikon.

www.phantasiereisen.com
Fantasiereisen online mit abgedruckten Texten und Hintergrundinformationen.

www.stimme.at
Informationen, Tipps, Servicestellen und Kontaktadressen zum Thema Stimme aus Österreich, Deutschland und der Schweiz.

www.terrapie.de/html/fantasiereisen.html
Längere und kürzere Fantasiereisen für Erwachsene und Kinder (nur Text).

www.uni-saarland.de/verwalt/presse/campus/2005/4/campus-4-2005-36.pdf
Artikel über zwei Studien zur Stimme.

Die in diesem Werk angegebenen Internetadressen haben wir geprüft (Mai 2011). Da sich Internetadressen und deren Inhalte schnell verändern können, ist nicht auszuschließen, dass unter einer Adresse inzwischen ein ganz anderer Inhalt angeboten wird. Wir können daher für die angegebenen Internetseiten keine Verantwortung übernehmen.